康巴学的谱系

喻 中◎著

人民出版社

目　　录

自　序

康巴学是以康巴作为研究对象的一门学问。从"发生学"的角度来看，康巴学是先有其"实"，后有其"名"。康巴学之"实"，可以追溯至 20 世纪初；康巴学之"名"，则始于 21 世纪初。康巴学作为藏学的一个分支，其学术理论在诞生了一个世纪之后才被正式命名，才开始有其"名"以"副其实"，殊为难得，既可谓水先到而后渠成，也算是中国学术史乃至世界学术史上的一段佳话。

那是 2004 年 8 月，来自北京、西藏、四川、青海、云南等地的数十名学者，齐聚康定，举行了一场"康巴文化名人论坛"。在此次论坛上，李绍明与杜永彬有一个联合发言，他们在发言中提出的"将当前的'康巴研究'发展和正名为'康巴学'的倡议，当即引起与会同仁的极大兴趣与认同"①。

其中，石硕对"康巴学"这个概念作出了积极回应，他说："'康巴学'概念的提出反映了一个新的学术动向，它是当前藏学以及人们对藏学内涵的认识水平达到一个新阶段的产物。此概念的提出本身富有建设性和积极意义，值得我们思考和讨论。但'康巴学'毕竟是一个新的学术概念，它提出的依据和基础是否充分，以及应当如何进一步认识和界定其内涵、特点、范围和价值等这些问题，也都还有待学术界进一步展开讨论。"②

杜永彬作为这个概念的倡导者之一，也曾专门撰文对"康巴学"的意义给予进一步的论证。③ 时任四川省甘孜州社会科学联合会副主席的贺先枣认为："'康巴学'的出现，无疑让'藏学'研究更为丰满，更为多姿

① 李绍明、任新建：《康巴学简论》，《康定民族师范高等专科学校学报》2006 年第 2 期。

② 石硕：《关于"康巴学"概念的提出及相关问题——兼论康巴文化的特点、内涵与研究价值》，《西藏研究》2006 年第 3 期。

③ 杜永彬：《"康巴学"的提出与学界的响应——兼论构建"康巴学"的学术价值与现实意义》，《西南民族大学学报》2007 年第 3 期。

多彩。"①时任甘孜州社会科学联合会副秘书长的戴刚也认为："把康巴文化作为藏学学科体系中的一个重要组成部分单独提出,建立'康巴学'研究已势在必行。"②还有一些学者从其他角度肯定了康巴学这个概念的积极意义与正面价值。当然,也有学者对康巴学这个概念提出了一些其他方面的看法。

笔者赞同李绍明、杜永彬等学者提出的康巴学这个学术概念。笔者认为,康巴学这个概念的正式提出,对于康巴研究具有积极的意义,有助于在藏学的整体框架下,提升康巴研究的辨识度与显示度。笔者同时还认为,正式提出康巴学这个概念,并不意味着要在原有的康巴研究之外另起炉灶,而是要促成原有的康巴研究形成更加自觉的学科意识与专业意识,在此基础上深化、拓展、提升关于康巴的学术研究。

既然关于康巴的研究可以正式命名为康巴学,那么,此前已有的关于康巴的研究成果,都可以归属于康巴学的研究成果,都可以写进"康巴学史"或"康巴学发展

---

①　贺先枣:《试谈建立"康巴学"学科体系的意义》,《康定民族师范高等专科学校学报》2006 年第 2 期。

②　戴刚:《试论康巴文化与建立康巴学研究》,《康定民族师范高等专科学校学报》2006 年第 3 期。

史"。不言而喻,在康巴学这个概念正式提出之后的康巴学研究,应当以此前已有的康巴研究成果作为基础,应当是对此前的康巴研究的自觉延伸。如果从 2004 年开始算起,那么,康巴学这个概念的正式提出,已有 20 年了。现在,如果要促成康巴学在已有的学术理论的基础上不断发展,就面临着一个前提性的课题:如何梳理已有的康巴研究? 在康巴学的发展史、演进史上,存在着哪些主要的研究范式与理论旨趣? 简而言之,如何描绘康巴学的学术理论谱系? 思考这样的问题,就是在盘点、厘清康巴学的家底,就是在回顾与总结康巴学的过去。总结康巴学的过去,是为了开拓康巴学的未来。因而,描绘康巴学的谱系,"辨章学术,考镜源流"①,乃是康巴学自觉发展的必要准备。

谱系可以理解为系统。康巴学的谱系就是康巴学的学术理论系统。这个系统可以根据康巴学的主要范式来编排。在学术史上,"范式"(Paradigm)一词流传甚广,影响很大。"范式"一词主要是科学史家托马斯·库恩在《科学革命的结构》一书中予以论证的。他说:"从现

---

① (清)章学诚:《校雠通义通解》,王重民通解,上海古籍出版社 1987 年版,"章学诚《校雠通义》自序"第 1 页。

代编史学的眼界来审视过去的研究记录,科学史家可能
会惊呼:范式一改变,这世界观便随之改变。"①参照这个
论断,每一种"范式"都对应一种学术研究的世界观。反
过来说,一种新的学术研究范式的产生,意味着一种新的
学术世界观的产生。虽然,在常规性、日常性的学术生产
过程中,由于世界观的转向所导致的学术范式的革命,并
不会经常发生。但是,学术界对"范式"这个概念一直保
持着较高的热情。数十年来,不同领域、不同学科的学者
都习惯于从宽泛的角度理解"范式"一词。"范式"作为
一个富有弹性、极具包容性的概念,在诸多学术领域内都
得到了极其广泛的运用。几乎各个学科都习惯于运用
"范式"一词,来对本学科的研究方法、研究旨趣进行
反思。

　　正是"范式"这个概念的包容性,为我们把这个概念
引入康巴学提供了便利。一百多年以来,在康巴学的历
史上,先后出现了多种研究范式与多种研究旨趣。把各
种范式、各种旨趣的康巴学汇聚起来,就形成了康巴学的
谱系。现在,我们考察康巴学的谱系,就相当于把康巴学

---

　　①　[美]库恩:《科学革命的结构》,金吾伦、胡新和译,北京
大学出版社2012年版,第94页。

作为一个"学术家族",逐一察看它内部的各个分支。康巴学作为一个"学术家族"所包含的这些分支,就相当于康巴学已有的"学术家底"。未来的康巴学不论怎样发展,都与这样一个"学术家底"具有割不断的血肉联系,甚至都在这样一个"学术家族"之中,都体现了这个"学术家族"生生不息的延伸。

清代阮元在嘉庆九年(1804 年)的一篇序文中写道:"学术盛衰,当于百年前后论升降。"①借用这个说法,康巴学也当于百年前后论升降、论沉浮。经过笔者的研究、辨识,百年以来,在康巴学的演进过程中,先后出现了四种范式的康巴学,它们分别是传教士的康巴学、经世者的康巴学、人类学的康巴学与历史学的康巴学。

四者之间,传教士的康巴学主要是外来传教士培植起来的。从 19 世纪中叶至 20 世纪中叶,在当时的时代背景下,外来传教士以各种方式,经过各种渠道来到中国,抵达康巴地区。他们中的一些人在传教的同时,以外来者的眼光观看康巴,写下了丰富多彩的以康巴作为主

---

① (清)阮元:《十驾斋养新录序》,载(清)钱大昕:《十驾斋养新录》,杨勇军整理,上海古籍出版社 2011 年版,第 1 页。

题的论著。在外来传教士这个群体中，倘若以对康巴学作出的贡献而论，那么，法国传教士古纯仁，还有英国传教士叶长青，他们两人的著作具有相对较高的学术品质，在传教士的康巴学论著中具有较强的代表性。透过古纯仁、叶长青等人的康巴学论著，大体上可以体会传教士康巴学之旨趣。当然，传教士康巴学也不是突然诞生的，在古纯仁、叶长青之前，更早的传教士已经为此作出了铺垫。由此我们发现，传教士康巴学的诞生经历了一个较为缓慢的孕育过程，同时也呈现为一个从自发逐渐转变为自觉的过程。在这个过程中，20世纪最初的几年，大体上可以作为传教士康巴学这一学术理论形态正式形成的具有标志意义的时间节点。对此，本书正文中已有具体的叙述，这里不再展开。

传教士的康巴学开创并展示了康巴学的初始形态。这个事实和现象饶有意味，可以放在一个更大的背景中来理解：从传统中国的学术体系演进到现代中国的学术体系，其间经历了一个巨大的转向，从根本上说，现代中国的学术体系，始于移植与借鉴。现代中国学术体系中的诸多学科，都是近现代中国人以"西天取经"的方式，从西方"取"回来的。譬如，社会科学中的政治学、经济学、法学、社会学，人文学科中的哲学、伦理学，等等，这些学科的名称,都是中国人去"西天"取回来的。① 史学这个学科,虽然可以对应于传统中国的"史部"之学,但是,现代的史学与传统中国"经史合一"的"史部"之学,具有根本的差异。这种情况,让我们想到钱锺书在《围城》中的一句戏谑之言:"事实上,惟有学中国文学的人非到外国留学不可。因为一切其他科目像数学、物理、哲学、心理、经济、法律等等都是从外国灌输进来的,早已洋气扑鼻。"②哲学领域的胡适、冯友兰,人类学领域的吴文藻、林惠祥,政治学领域的萧公权,法学领域的吴经熊,还有更早的严复,他们在学术上的贡献都与留学西方有关。与这些学科不同的是,康巴学作为一种相对专门的现代学术,却是由外来传教士率先促成的。如果比较现代中国学术体系中不同学科形成与演进的历史,就可以看到康巴学的这一独特之处。

———————

① 有些也是从日本取回来的。19 世纪末 20 世纪初的日本,虽然在地理上是东方国家,但在文化上已经"脱亚入欧"。正如其代言人所说:"如果想使本国文明进步,就必须以欧洲文明为目标,确定它为一切议论的标准,而以这个标准来衡量事物的利害得失。"[日]福泽谕吉:《文明论概略》,北京编译社译,商务印书馆 1960 年版,第 11 页。

② 钱锺书:《钱锺书集:围城;人・兽・鬼》,生活・读书・新知三联书店 2007 年版,第 9 页。

如果说,外来传教士写出了康巴学史的第一个段落,那么,中国本土的经世者就写出了康巴学史的第二个段落。经世者的康巴学既是中国本土知识分子开创的康巴学,同时也标志着康巴学第二种研究范式的形成。如果说传教士的康巴学主要源于外来传教士的个人兴趣,是他们传教事业的伴生物,那么,经世者的康巴学基本上是现实的政治环境催生而成的。简而言之,在 20 世纪 20 年代末期,在那个特定的国内国际背景下,现代国家建构问题、边疆治理问题,特别是其中的西康建省问题日渐突出。在国内外现实压力之下,对康巴地区进行全面而深入的研究,以促成现实问题有效解决,逐渐成为一个紧迫的任务。为了回应这样的现实需求,一些志在报效国家、服务社会、有益人民的知识分子把自己的才华与智慧投入康巴研究,促成了经世济用取向的康巴学,这就是经世者的康巴学。在经世者康巴学的研究领域,任乃强可以说是其中的主要奠基人,也是经世者康巴学的主要代表。

到了 20 世纪 40 年代,康巴学的发展与更新又获得了一个新的机遇:一批曾经留学欧美、受过专业训练的中国人类学家进入康巴地区,他们在康巴地区从事人类学考察,写下了若干康巴学论著,促成了职业人类学家的康巴学。在这样一个人类学家的群体中,李安宅与林耀华具有较强的代表性。他们既是享有世界声誉的人类学家，同时也对康巴学研究作出了突出的贡献。其中，李安宅的代表作《藏族宗教史之实地研究》就是对甘南地区的宗教与康巴地区的宗教进行"实地研究"的结晶，他的长文《西康德格之历史与人口》既是康巴学史上的名篇，也是在"西康德格"进行"实地研究"的产物。林耀华则写过一部《四土嘉戎》，此书作为一部完整的学术著作，虽然尚未正式出版就遗失了，但幸运的是，这部书的主体部分还保留在一系列单篇论文中。透过李安宅、林耀华的这些论著，我们可以体会人类学的康巴学之旨趣，也可以体会人类学家对于康巴学研究所作出的独特贡献。

　　人类学的康巴学是以人类学的立场研究康巴的产物，相比之下，历史学的康巴学则是从历史学的立场研究康巴的学术理论结晶。人类学与历史学是两个不同的学科，学术旨趣与研究方法都不一样。至为明显的差异是：人类学的康巴学研究离不开实地考察，历史学的康巴学研究则主要依赖史料。如果说，人类学的康巴学研究在一定程度上可以归属于人类学，那么，历史学的康巴学则主要呈现为历史学中的专门史，简而言之，历史学的康巴学主要是康巴史学。大致说来，历史学的康巴学理论至少可以找到三个方面的源头：其一，在藏学研究领域，关于康巴史或康藏史的研究逐渐成为热点;其二,在新清史研究领域,近代康巴研究也占据了一个越来越重要的位置;其三,在海外历史学界的中国边疆研究领域,近代康巴的重要性也越来越凸显。这三个方面的学术潮流汇聚起来,仿佛"三江汇流",促成了历史学的康巴学的兴起。

以上四种范式的康巴学大体上依次出现,具有历时性的一面。但与此同时,它们也有共时性的一面,除了传教士的康巴学,其他三种范式的康巴学虽然在形成的时间上有先有后,但是,后来者并不是对先到者的取代,后来者的出现主要体现为新范式的出现,主要体现为对康巴学谱系的增补与丰富。将这些不同范式的康巴学依照诞生的时间先后编排起来,就是本书旨在叙述的"康巴学的谱系"。

第一章　传教士的康巴学

在传世文献中,关于康巴地区的记载,虽然不如关于中原地区的记载那样丰富,但毕竟还是有迹可循。譬如,在《史记》这样的典籍中,就可以找到有关康巴地区的早期信息。根据《史记·西南夷列传》:"自嶲以东北,君长以什数,徙、筰都最大;自筰以东北,君长以什数,冉、駹最大。其俗或土箸,或移徙,在蜀之西。自冉駹以东北,君长以什数,白马最大,皆氐类也。此皆巴蜀西南外蛮夷也。"到了秦代,"常頞略通五尺道,诸此国颇置吏焉。十余岁,秦灭。及汉兴,皆弃此国而开蜀故徼。巴蜀民或窃出商贾,取其筰马、僰僮、髦牛,以此巴蜀殷富。"①《史

---

① 《史记》卷 116《西南夷列传》,中华书局 1982 年版,第 2993 页。

记》中描述的这一片处于"蜀之西"的广大区域,与今天的康巴地区多有重合。而且,对于汉初巴蜀的"殷富",在"蜀之西"的康巴地区还提供了物资上的重要支撑。

在《史记》共计六十九篇"列传"中,紧接着《西南夷列传》的,就是《司马相如列传》。如此安排,看似巧合,更大的可能则是司马迁刻意为之。按照《司马相如列传》所载,蜀郡人司马相如的岳父卓王孙乃临邛之巨富,拥有"家僮八百人"①,堪称《西南夷列传》中所说的"巴蜀殷富"群体的代表人物。《司马相如列传》还记载,汉武帝曾就"西南夷"地区的治理问题,专门征求过司马相如的意见,司马相如的回答是:"邛、筰、冉、駹者近蜀,道亦易通,秦时尝通为郡县,至汉兴而罢。今诚复通,为置郡县,愈于南夷。"对于这样的政见,"天子以为然,乃拜相如为中郎将,建节往使"。② 据此,司马相如曾受汉武帝的派遣,作为汉王朝的代表前往康巴地区。这段史实表明,经略康巴,譬如,在康巴地区设置郡县,乃是汉武帝与司马相如两人的共识。《史记》中的这两篇"列传"表

---

① 《史记》卷117《司马相如列传》,中华书局1982年版,第3000页。

② 《史记》卷117《司马相如列传》,中华书局1982年版,第3046页。

明,康巴地区很早就见于中国的传世文献。自《史记》以降的各种官方正史中,对康巴地区的记载亦不少,这里不再逐一征引。

如果要写一部"康巴史",我们至少可以追溯到汉初,甚至还可以追溯到先秦时代。但是,如果要写一部"康巴学史",恐怕只能追溯到近代。现代学术体系中的康巴学作为藏学的一个组成部分,毕竟是相对晚近的产物,总体上说,是西方近现代学术体系示范之下的产物。在当下,如果我们以现代学术的眼光看待康巴学,着眼于现代学术体系中的康巴学,并由此去探寻康巴学研究的开先河者,则可以追溯至 19 世纪中后期开始出现在康巴地区的外国传教士。

因而,从康巴学的演进历程来看,如果要写一部"康巴学史",那么,最初的康巴学实为传教士的康巴学。康巴是中国的康巴,相比之下,康巴学作为一门学问,既是中国的,也是世界的。在 19 世纪中期至 20 世纪中期,在近百年的时间段落里,在特定的国际关系与世界格局中,外国来华的传教士作为一个特殊群体,开启了近现代意义上的康巴学。因此,要全面把握康巴学的萌芽与兴起,要全面描绘康巴学蜿蜒而来的身影,应当从外国传教士开始说起。换言之,不论是从康巴学的谱系来看，还是从康巴学的历史来看，都有必要先论传教士的康巴学。

一、走进康巴的外国传教士

较早进入康巴地区的外国传教士，是法国天主教传教士古伯察（Régis-Evarist Huc，1813—1860）和秦噶哔（Joseph Gabet，1808—1853）。[①] 在古伯察撰写的《鞑靼西藏旅行记》一书中，详细记述了他在中国的经历，其中就包括他在康巴地区的短期经历。见于此书与康巴地区有关的记载，可以视为外来传教士考察（虽然是被动的，

① 有学者认为："第一个进入康藏的巴黎外方会传教士罗启桢（Charles R. A. Renou）1863 年病逝于江卡，是在康藏去世的第一个传教士。"详见赵艾东：《19 世纪下半叶康藏天主教士的天花接种与藏文编纂》，《四川民族学院学报》2016 年第 1 期。这种观点也是可以成立的。因为，罗启桢（也称罗勒拿）是自主决定进入康巴地区的；而古伯察进入康巴地区，是被动的、被迫的、身不由己的，是在被押解出境的过程中途经康巴地区的。此外，关于罗启桢（罗勒拿）其人的专题研究，可以参见郭净：《十九世纪中叶法国传教士罗勒拿滇藏传教史略》，《云南民族大学学报》2016 年第 1 期。

其至是被迫的)康巴地区的早期文献。

根据《鞑靼西藏旅行记》一书译者耿昇的梳理,古伯察最初抵达中国的时间是 1839 年 8 月。其间,由法国天主教修会之一的遣使会主教孟振生(Joseph Martial Mouly,1807 — 1868)委派,古伯察与秦噶哔一起,"于 1841 年 2 月 20 日离开澳门,并于同年 6 月 17 日到达当时法国在华传教区的所在地——北直隶的西湾子(今河北省张家口市崇礼区境内),由此出发,经过热河、蒙古诸旗、鄂尔多斯、宁夏、甘肃、青海、西康地区","最终于 1846 年 1 月 29 日到达西藏首府拉萨"。① 按此说法,古伯察与秦噶哔在前往拉萨的路途中,已经到过"西康地区"。

古伯察与秦噶哔在拉萨停留了两个月之后,遭到了琦善的驱逐,被迫离开拉萨,且被迫按照琦善规定的路线返回内地。《鞑靼西藏旅行记》第十章的内容,就是叙述他们在康巴地区的经历。这段"康巴见闻录"以察木多(今天的昌都)作为起点:"中国政府在察木多设立了供应给养的兵站,其管理工作交给了一名粮台。兵站共由

① 　[法]古伯察:《鞑靼西藏旅行记》,耿昇译,中国藏学出版社 2012 年版,"法国遣使会士古伯察的入华之行(译者代序)"第 1 页。

300名左右的士兵、四名军官组成,包括一名游击、一名千总和一名把总,维持这一兵站和属于该兵站的军队的花销,每年都要高达一笔万两白银的钱。察木多是康省的首府,建于被高山环抱的一个山谷中。从前,该城由一道土城墙环绕,城墙现在到处都已坍塌,每天都有人于那里取土以修房子的平屋顶。"①

进一步察看,"虽然察木多是一个没有多少豪华和高雅生活的地区,但大家可以在那里欣赏一座庞大而又豪华的喇嘛庙,位于西部一个俯瞰全城的高台上。该寺庙共有2000名喇嘛,他们不像在其他佛寺所通行的那样,即每个人都有他们的小僧房,而是共同居住在宽敞的和环绕大雄宝殿的大房间中,点缀这一寺庙的豪华装饰使它被视为西藏最漂亮和最富有的喇嘛寺之一。察木多喇嘛寺的住持是一名呼图克图喇嘛,他同时也是整个康地的一名世俗官吏。"②

按照这样的叙述风格,古伯察记录了他们在察木

---

① [法]古伯察:《鞑靼西藏旅行记》,耿昇译,中国藏学出版社2012年版,第553页。关于这段话中的"游击"一词,原书有一个脚注:"游击是一种军官的名称。"

② [法]古伯察:《鞑靼西藏旅行记》,耿昇译,中国藏学出版社2012年版,第554—555页。

多、察雅、巴塘、理塘等地的经历及所见所闻。在经历了漫长的旅程之后，"我们最终平安无恙地到达了汉地边境，我们于那里告别了异常寒冷的西藏气候。在翻越到达打箭炉城之前的那座山时，我们几乎被埋在雪下，那里的雪每次下得既厚而次数又频。大雪一直伴送我们到达建筑这座汉地城市的山谷，一场瓢泼大雨又在那里迎接我们。时值 1846 年 6 月初。我们离开拉萨已近三个月的时间了。据那部汉文图识记载，我们共走了 3050 里。'打箭炉'意为'打造箭矢的熔炉'。该城享有此名是由于武侯（诸葛亮）军师于公元 234 年率军平定南番时，曾派遣他的一位将军去建造打箭炉。该地区曾先后属藏族人和汉族人，它在 100 年以来一直被视为中国中原王朝不可分割的一部分……我们在打箭炉休息了三天。在此期间，我们每天要与当地的主要官吏争执数次，因为他不想让我们坐轿继续赶路。但必须如此行事，因为我们不能再忍受继续骑马旅行的想法了。我们的双腿已骑过各种岁口、各种身材、各种颜色和各种特征的许多马匹，再也不能忍受了。双腿急需在轿子中平静地伸开。由于我们一直坚持自己的要求，他们终于同意这样做了……次日黎明，我们便钻进自己的轿子，以官库开支的经费被一直抬到四川省府。我们在那里又根据皇帝的旨意而在天朝要员面前正式受审"①。古伯察到达了四川省府成都,整部《鞑靼西藏旅行记》也至此结束。

古伯察作为一个法国传教士,在他的《鞑靼西藏旅行记》一书中,写下了他在康巴地区的若干见闻,其中的"康巴旅行记"是否属于严格意义上的"学术研究",还可以再讨论,但毕竟已经形诸文字,体现了一个外来传教士对康巴地区的认知与理解。而且,通过古伯察在康巴地区与当地人的交往,既有助于我们理解外国传教士的一些精神与风格,也有助于我们理解那个时代的康巴人,尤其是他们对待外来者的立场与态度。古伯察的《鞑靼西藏旅行记》关于康巴地区的记载,可以视为传教士康巴学最初的萌芽,在某种程度上具有"源头"的意义,因此有必要给予一定的关注。

在古伯察之后,法国传教士——主要是巴黎外方传教会的传教士,对康巴地区的热情有增无减,在19世纪40至60年代,甚至可以说是"法国传教士'独占'康区的

---

① [法]古伯察:《鞑靼西藏旅行记》,耿昇译,中国藏学出版社2012年版,第583—584页。这段话中的"各类岁口",是指马匹的各种"年龄"。通常,从牲口牙齿的多少可以看出牲口的年龄。

年代"①。根据杨健吾的研究,1848 年,就在古伯察途经康巴地区两年以后,"法国天主教杜教士被任命为西藏教区主教,他取道四川入藏,行至昌都为官民所阻,被迫退回。同年,法国传教士在清溪县(今汉源县)化林埠(今化林坪)建立了主教区。这是梵蒂冈天主教教会势力传入康藏地区之始。道光三十年(1850 年),巴黎外方传教士丁盛荣受罗马教廷之命赴西藏传教,路途受阻,折返打箭炉(今康定),于炉城北郊设堂传教,康定遂成为康区天主教传播的大本营。咸丰二年(1852 年),华郎廷、圣保罗在巴安(今巴塘)城区建教堂,天主教传入康南地区。随后的 10 多年里,法、意、加、奥、德等籍传教士数十人先后在康区修建教堂 15 座"②。

1864 年,"罗马教廷在清溪县化林坪设立了主教府。同年,传教士吴依容(Houillon)被派驻打箭炉,巴布埃

---

①　向玉成、肖萍:《19 世纪 40 — 60 年代中期法国传教士"独占"康区的活动及其影响》,《西藏大学学报》2011 年第 1 期。

②　杨健吾:《基督教在四川藏族地区的传播》,《宗教学研究》2004 年第 3 期。在这段话中,第一,"化林埠(今化林坪)"误写为"大林埠(今大林坪)",现直接校改。而且,"化林坪"曾经属于汉源县,但现在已经被划归泸定县,具体地说,属于泸定县的兴隆镇。第二,"道光三十年(1850 年)"误写为"道光三十年(1852 年)",现在也直接校改。

（Bourry）被派往巴安（今巴塘）。后古特尔（Goutelle）在打箭炉建立了教会，原云南助理主教丁盛云（Joseth）被任命为西藏代牧主教。他取道川南，经叙府、嘉定、雅州于 1865 年 12 月 21 日到达康定。此时，进藏的全体传教士都在当年被赶出西藏，巴黎外方传教会感到进入西藏困难很大，遂决定在康定安置主教，购买土地，修建教堂。主教府乃由化林坪迁至康定。1877 年丁盛荣死后，毕天荣（Biet）继任主教。此后，倪德隆（Giraudeau）、李雅德（Leard）、任乃棣（Genesier）等相继前来，或被留在康定，或被派往巴安、盐井、泸定和云南维西等地，修建教堂，开展教务。特别在巴安购置土地、修建房屋及教堂 3 座，作为进入西藏的前哨阵地"①。

从这个过程来看，在古伯察之后，在将近半个世纪的时间里，法国天主教传教士一直都在康巴地区努力拓展他们的传教事业。在传教的过程中，一些传教士开始从事具有学术意义的康巴学研究。其中，1855 年入华的法国传教士戴高丹（Desgodins Auguste, 1826—1913）作出的贡献较为明显，他的《从康藏巴塘到川南打箭炉的游

① 杨健吾：《基督教在四川藏族地区的传播》，《宗教学研究》2004 年第 3 期。

记》等作品,在法国传教士所写的有关康巴的著述中,享有一定的地位。不过,对于传教士的康巴学来说,一个比较重要的转折点是在 20 世纪初期发生的。

具体地说,"1901 年,倪德隆继任代牧主教,在康定、泸定等地大量购置土地、修建教堂,创办拉丁学校和修道院,极力开展教务;还深入研究康藏历史、文化,开办学校,编撰《藏文文法》《藏文读法》《拉丁法文藏文字典》等工具书"①。根据这样的史实,可以认为,主要是在倪德隆(1850—1941)的主导下,同时也通过倪德隆的身体力行,法国传教士对"康藏历史、文化"进行了"深入研究",具有学术意义的康巴学,由此迈上了一个实质性的台阶,或许可视为传教士康巴学正式诞生的标志。② 在

---

① 杨健吾:《基督教在四川藏族地区的传播》,《宗教学研究》2004 年第 3 期。

② 关于倪德隆对于康巴学的贡献,按照胡晓的研究,可以概括为:"倪德隆还深入地研究过康藏历史文化。他编撰的《拉丁语—藏语文法》共 388 页,1909 年在香港出版;《拉丁语—藏语词典》共 698 页,1916 年在香港出版;《法语—藏语口语词典》共600 页。他选译了 25 个拉封丹的寓言故事,结集成藏文版《拉封丹寓言故事》于 1933 年出版。另外他还为修道院的学生编写过藏文教材。"详见胡晓:《法国传教士倪德隆在四川藏区活动考述》,《宗教学研究》2011 年第 2 期。

此基础上，又出现了法国传教士古纯仁（Francis Goré，1883—1954）及其《川滇之藏边》（*Notes Sur les Marches Tibétaines du Sseu-T'chouan et du Yun-nan*）这样的代表性著作（详后）。

从古伯察、戴高丹到倪德隆、古纯仁，法国传教士在康巴地区的传教事业，取得了一定的成效。与之相伴随，法国传教士的康巴学研究也以康定为中心逐渐形成。回顾这个历程，可以发现，如果说古伯察的《鞑靼西藏旅行记》、戴高丹的游记代表了法国传教士康巴学的萌芽，那么，倪德隆时期编写的《藏文文法》《藏文读法》《拉丁法文藏文字典》等文献，特别是古纯仁的《川滇之藏边》等论著，则代表了法国传教士的康巴学的典型形态。如果说，现代意义上最早的康巴学是传教士的康巴学，那么，在各国传教士中，法国传教士的康巴学，较之于其他各国传教士的康巴学，在时间上相对领先了一步。

在法国传教士进入康巴地区的过程中，英国传教士也来到康巴地区。"1876年，英国内地会传教士康慕伦（James Cameron）从湖北出发，抵达四川，沿途考察了打箭炉、理塘、巴塘和金沙江西岸的西藏边境。以康慕伦的考察工作为基础，1897年内地会成员西瑟端纳（Cecil-polhll-Turner）等5位传教士在打箭炉建立了康藏地区第一个传教基地。"①在此基础上,1905 年 4 月,英国内地会传教士叶长青(James Huston Edgar,1872—1936)来到康巴地区,他在康定"建立了福音堂。每逢星期一用藏、汉语传教,同时向听众散发宗教图片和藏、汉文的《马可福音》。其后,英国人顾福安、加拿大人纳尔逊、英国人裴元弟、美国人郭纳福先后到达康定传教"②。

英国内地会传教士叶长青、顾福安等人到达康定的时间,虽然略晚于法国天主教传教士倪德隆,更晚于古伯察,但是,在传教士康巴学这样一个领域,叶长青、顾福安等人取得的成就却不容忽视。叶长青、顾福安等人长期生活在康巴地区,他们既传播基督教,同时也从事康巴研究,他们在康巴学研究领域作出了突出的成绩,在"法国传教士的康巴学"之外,堪称"英国传教士的康巴学"的代表性人物。下面,依据进入康巴地区的时间先后,分别略述法国传教士的康巴学与英国传教士的康巴学。

---

①　朱娅玲:《传教士顾福安及其康藏研究》,载四川大学中国藏学研究所主编:《藏学学刊》第 12 辑,中国藏学出版社 2015年版,第 192 页。

②　杨健吾:《基督教在四川藏族地区的传播》,《宗教学研究》2004 年第 3 期。

二、法国传教士的康巴学

上文已经提到，在古伯察之后，法国传教士针对康巴地区的历史与现实写下了比较丰富的作品，对此，学界已有比较细致的梳理。[①] 在这些各具特色的论著中，古纯仁的《川滇之藏边》一书，颇具代表性，可以作为法国传教士在康巴学研究领域取得的标志性成果与代表性文献。

1907年，古纯仁受巴黎外方传教会的派遣，与华朗廷、佘廉霭、窦元楷、伍胡纳等数名传教士一起，来到康定。古纯仁抵达康巴之初，"先在四川泸定沙坝堂区学习语言；1914—1920年，任川西打箭炉本堂神父；1920—1930年，任西藏盐井本堂神父，在此学习藏语，并对西藏历史文化进行深入研究。1931—1951年，任云南茨中本堂神父。他对语言学研究较有天赋，是法国国家地理学会会员，编写了一部藏语语法书，参与了倪德隆主教编著

---

① 参见曾志辉：《巴黎外方传教会"科学传教"与西南边疆研究的近代转型》，《世界宗教研究》2016年第6期。

的藏法词典。1952 年被驱逐出中国,传教川滇藏边区长达 44 年。鉴于古纯仁对民国时期西藏研究的突出贡献,被誉为'西藏研究专家'。古纯仁与戴高丹两位传教士,被教会赞誉为近代西藏研究的'双子星'"①。

虽然有教会机构把古纯仁称为"西藏研究专家",其实,更加精准的说法是,古纯仁实为"康巴研究专家"。从 1907 年到达康巴地区之始,古纯仁的足迹遍及康巴各地。在康巴地区生活了 15 年之后,古纯仁于 1923 年出版了他研究康巴的著作《川滇之藏边》。此书的主要内容,由李哲生(又名李思纯)译成中文,在康藏研究社组织出版的《康藏研究月刊》上,以专题文章的形式连续刊发。从 1947 年 12 月至 1949 年 8 月,一共连载了十多次。见于《康藏研究月刊》上的各篇文章的题目主要包括《川边之打箭炉地区》《川边霍尔地区与瞻对》《里塘与巴塘》《维西》《旅行怒江盆地》《旅行金沙江盆地》《察哇龙之巡见》《康藏民族杂写》等等。由这些文章的标题,大致可以体会《川滇之藏边》一书的主要内容。

古纯仁刊于《康藏研究月刊》上的第一篇文章,题为

---

① 曾志辉:《巴黎外方传教会"科学传教"与西南边疆研究的近代转型》,《世界宗教研究》2016 年第 6 期。

《川滇之藏边·第一篇　川边（四川之藏边）》，此文具有导论或概论的性质。此文以"概说"开篇，首先解释文章的题旨："自格林威克（Greenwich）以东，东经九十九度至一〇三度，凡北纬二十九度至三十三度间之广大地域，中国人称之曰'川边'。而欧罗巴人较早之名称，则曰'藏边'。为求称谓之较为精确，吾人称之曰'四川之藏边'，所以别于云南及甘肃之藏边也。"①接下来，文章主要概述了"川边"的简史：从 1720 年清军平定西藏，一直讲到 1918 年的现状，时间跨度正好两百年。在历史回顾之后，文章分述"川边"的"现刻界域""地形概要""河流""道路""居民""农业""语言""矿产""商业""政治与经济状况"诸方面的情况，但都比较简略。譬如，在"地形概要"这个小标题下，古纯仁写道："此地域全为山国，而为奔流其间之四大河流所割断。凡河流与山脉皆自北而南，呈平行之状。河流咸迅急。山则有时高达海拔六千米。通常地形变化，其高度在海拔四千米与五千米之间，

----

①　［法］古纯仁：《川滇之藏边·第一篇　川边（四川之藏边）》，李哲生译，《康藏研究月刊》第十五期，第 5 页，成都，1947年 12 月 31 日。此处的出版时间，在本期杂志上，误印为"中华民国卅七年十二月卅一日"，亦即 1948 年 12 月 31 日，现直接校改为"1947 年 12 月 31 日"，下同。

在四千米之地,常可得牧场与高原,在三千五至四千米之间,则有森林。在二千与三千五百米之间,则有可耕作之河谷高地。当北纬三十度下之雅砻江及金沙江与澜沧江河谷,约为一千五百米,是即此边地中之较低下者,如吾人考察大渡河之谷,则为一千六百米。"①这就是古纯仁关于川边地形的总体描述。

在概论性质的"第一篇"之后,再看《川边之打箭炉地区》一文,此文开篇也是"历史概略",文章称:"毛牛国,亦称木雅(Mounia)②,或曰鱼通(Goutong),即现今打箭炉地区。二百年前成为中华帝国之一部。汉武帝曾征服西南夷,于岷江岸边置犍为郡,西南夷与中国关系臻于

---

①　[法]古纯仁:《川滇之藏边·第一篇　川边(四川之藏边)》,李哲生译,《康藏研究月刊》第十五期,第7页,成都,1947年12月31日。

②　关于这里的"木雅",根据吴天墀的描述,在今天是指"康定县拆多山以西、雅砻江以东、乾宁县以南、九龙县以北的地区"。此外,吴天墀根据邓少琴的《西康木雅乡西吴王考》一文,进而写道:"木雅"一词,"原指西夏都城兴庆府地,因远征又把这个名称带到西康"。"邓少琴先生说:'木雅'的名称系从西夏都城的兴庆府带到了西康(今四川省甘孜藏族自治州)。但我在这里更要指明:它本来是由党项羌从南方带到北方,然后再由北方带回南方的。"详见吴天墀:《西夏史稿》,商务印书馆2010年版,第120—123页。

密切,所谓西夷,即邛国与笮国。即毛牛国是也。使者司马相如曾至此地宣示朝廷威德,后于此区设二武官镇辖,官名都尉。武帝建元六年(纪元前一三五年)于笮国地置沉黎郡,毛牛国为其附属。其后土人叛变,于纪元前一〇〇年(译者按即汉武帝天汉元年,距建元六年,凡三十四年),毛牛国脱离沉黎郡,汉乃废郡为毛牛县。"①以这样的历史追溯开始,文章对打箭炉地区的历史进行了比较细致的叙述,一直讲到 1922 年明正土司的叛乱、系狱与投河自尽。在"历史概略"之后,文章再叙述打箭炉地区的"地理概略",虽名为"概略",但文章对打箭炉地区的地理状况,还是作了比较翔实的分析。在文章的最后,相对简略地叙述了打箭炉地区的"县治与人口"、"商业贸易"及"矿产"。古纯仁关于打箭炉地区的论述,大致如此。

再看《里塘与巴塘》一文。在《康藏研究月刊》中,这篇文章分两期刊出,分别叙述"里塘地区"与"巴塘地区"。

---

① [法]古纯仁:《川边之打箭炉地区》,李思纯译,《康藏研究月刊》第十六期,第 2 页,成都,1948 年 1 月 31 日。需要说明的是,在今天通行的《史记》中,这段话中的"沉黎郡"写为"沈犂郡"。详见《史记》卷 116《西南夷列传》,中华书局 1982 年版,第 2997 页。

关于里塘，①文章开篇即称："里塘地区之界，北接尼雅龙，一曰瞻对，东以雅砻江与甲拉土酋领土为界，南接四川木里土酋地，与云南之中甸桂西接巴塘之界。征之往史，里塘自来臣服于西藏，并属蒙古人，及丽江之摩些人。摩些人之占领里塘，似在十六世纪至十七世纪之初年，由于吴三桂将军之经略云南。（译者按吴三桂曾征服云南之木氏）拉萨之西藏政府，乃得重使里塘，服属于藏。一千七百零八年，第七世达赖喇嘛噶尔藏嘉穆错，转生于里塘。旋即送至甘肃西宁遣近之塔尔寺，其后为时不久，即受中国封号，践达赖之尊位。当蒙古人策旺阿拉布坦征服西藏之时，曾派遣所部一武官，统辖里塘之地，中国愤其侵略，即发兵讨伐此为西藏主政者之蒙古人，时为一千七百十八年。藏军前锋喀比所部，未经苦战而入里坑，次年中国军进击之，保地之蒙古驻军，欲图袭攻，计划被发觉，中国攻入其营，歼其首酋，喇嘛章之大喇嘛，承认共谋背叛之罪，被中国废黜，中国遂令里塘人民，以公意择人，继承职位，主其地临时之政，而中国驻

---

① 这里的"里塘"，亦即现在的"理塘"，但见于《康藏研究月刊》中的这篇汉译文章，从标题到正文，都写作"里塘"，这里仍存其旧，不再更改。

兵助之。"①以此为基础,文章继续叙述里塘地区的历史,一直讲到古纯仁生活的时代:"一千九百二十一年之春,乡城盗寇侵略雅砻江东之木雅地方,大肆蹂躏,川边镇守府欲派兵击之,适刘禹九将军,方回师重据雅州,于是进讨之计划,亦未能确定。乡城群盗方肆侵略,及于中咱之地,更扰及河口,至巴塘之大道。"②在"里塘历史"之后,文章简述了里塘地区的两条主要道路:一是从打箭炉至巴塘的道路;二是由喇嘛寺至乡城的道路。

《里塘与巴塘》一文的续篇见于《康藏研究月刊》第20期,主要讲巴塘:"巴塘地区,在川边之西南。其疆域,北与德格为界。东与里塘为界,南与中甸及维西之县境为界。西与三岩(即武成县)江卡(即宁静县,今芒康县)为界。由北至南,长六百里。由东至西,长三百里。"关于巴塘之县治,"中国史册,于此地未能详征,或以为即古白狼国。其地有若干颓祀之建筑遗迹。为兵事及地震所损毁者。其一方面,该地土人,尚保持许多之传说,据传其地最初主人","自尼雅曲河而来,偕其牲畜帐幕,居

---

① [法]古纯仁:《里塘与巴塘》,李哲生译,《康藏研究月刊》第十九期,第 26 页,成都,1948 年 4 月 30 日。

② [法]古纯仁:《里塘与巴塘》,李哲生译,《康藏研究月刊》第十九期,第 30 页,成都,1948 年 4 月 30 日。

于此谷中,颇乐其气候之温煦,逐安宅于其地。经若干年后,夜间每以羊鸣之声所扰,乃沿河而上溯,此河即在平原之西,更向北进,羊鸣之声,亦更明了,最后在一山旁,寻得一穴,实为羊巢,中有一牝绵羊,或又云为一牝山羊,于是称此山为庐玛拉,又曰'牝羊之山',巴塘之最初主人,即奠成于是,自称曰巴,又曰:'羊鸣'也,据此地方传说,巴塘初民之摇篮,实为尼雅曲河,即中国所谓雅砻江。其后摩些人蒙古人西藏人中国人,轮转为此地之主。吾济于其变迁之事,甚难确指其时期及其状况。所有颓坏建筑遗迹,在巴塘者,尤多于在麦康(Mekhong)、宗冈(Dyongong)、中咱","此皆为摩些人占领时之遗迹。迄今在茶卡龙境,在盐井之县治,在公拉,在德荣县境,在白松,皆有尼翁人,或曰摩些人,取群而居,人口甚密"。①这些都是关于巴塘地区的概况。随后,文章历述巴塘的历史、主要道路及商业贸易。

通过以上几篇文章,亦即《川滇之藏边》一书的若干代表性章节,大致可以看到,古纯仁对康巴各地的历史与地理,有比较深入的论述。他关于康巴地区的论述,既立

---

① [法]古纯仁:《里塘与巴塘》(续),李哲生译,《康藏研究月刊》第二十期,第20—21页,成都,1948年5月30日。

足于实地考察,同时也高度重视历史过程的梳理,通常体现为对一个特定地区(譬如打箭炉、巴塘,以及其他地区)的历史进行贯通性的叙述。他甚至对《史记》中的相关记载,也有较好的对接与回应。

自《川滇之藏边》一书 1923 年初次问世以来,已历百年。时至今日,中国学界对此书仍有积极的评价。譬如,有学者认为:"该书价值表现为:其内容涵盖了康区各大地区,如打箭炉地区、理塘、巴塘、霍尔、瞻对、金沙江、盆地、维西、察哇龙,涉及范围之广度和深度为同时期其他西人论著所无法比肩;其内容的丰富性和综合性也远远超过同时期其他论著,书中所记康区各大地区的历史、政经、地理、交通道路、民族、风俗等内容是珍贵的康藏民族志史料。"①这样的评价,表达了当代中国学者对于古纯仁之康巴研究的肯定。此外,还有论者注意到此书的风格:"古纯仁笔下的藏区总是活灵活现的。他的视点立足于藏族的日常生活,从而他关于藏族文化的概述便由一幅幅细碎的生活画面拼接而成,其间没有历史的考证,也没有理论性著述,读过之后藏族人民的生活形

---

① 赵艾东、石硕、姚乐野:《法国传教士古纯仁〈川滇之藏边〉之史料价值——兼论〈康藏研究月刊〉所载外国人对康区的记述》,《西南民族大学学报》2011 年第 10 期。

貌栩栩如在眼前。"①古纯仁在论著中表现出来的这种风格,或许可以体现法国文化中的某种传统。

三、英国传教士的康巴学

如前所述,相对于法国传教士,英国传教士进入康巴地区的时间稍微晚一些,但是,活跃于康巴地区的英国传教士的人数也不少。在英国传教士的康巴学研究中,很多人都作出了重要的贡献。相对说来,叶长青的影响更为显著。叶长青既是一个传教士,又是一个康巴研究者,他不仅积极从事康巴学的研究,而且还是一个重要的学术组织者。此外,他还担任了上海《字林西报》驻康定的记者。由于在多个方面都作出了贡献,他在"英国传教士的康巴学"这个特定领域,颇具代表性。因而,可以通过叶长青等人的康巴学研究,来透视英国传教士康巴学之旨趣。

概括地说,从 1902 年至 1935 年,在长达 30 多年的

---

①　泽拥:《法国传教士与法国早期藏族文化研究》,《中国藏学》2009 年第 2 期。

时间里,叶长青反复前往理塘、巴塘、乡城等地考察。"1922年夏,他带领一队传教士从四川灌县(今都江堰市)前往打箭炉考察,在此过程中,他发起成立了'华西边疆研究学会'(West China Border Research Society),主要成员包括戴谦和、莫尔斯(W.R.Morse)、布礼士(A.J.Brace)等,当时已是英国皇家学会会员的叶长青成为该学会荣誉会员。学会于1922年发行了英文刊物《华西边疆研究学会杂志》,到1946年结束,共16卷20册,刊载论文300多篇,涉及西南人类学、民族学、宗教学、历史学、生物学等方面,有不少成果与康藏地区有关。而自该杂志创办初期至1936年为止,叶长青就发表了60余篇文章,可谓该刊的支柱之一。"①根据冯宪华的梳理,叶长青对康巴学研究的贡献,主要体现在两个方面。

一方面,是对川边嘉绒地区自然人文状况的研究。"叶长青是较早进行川边嘉绒研究的传教士,对嘉绒的关注已持续多年,有多篇发表的文章中提及这个地区部落。在其文中,提到他1915年大多在嘉绒巡回布道,认为嘉绒是一个不知道其来源的神秘游牧部落,从富林

---

① 申晓虎、陈建明:《叶长青康藏民族学研究综述》,《西南民族大学学报》2010年第10期。

（fu-hin）移居黄河支流的大草原,几个世纪以来占据大渡河。嘉绒人说本地语言,但是许多人汉语说得好,僧侣和受过教育阶层的人藏语口语流利,但只认识藏文字母。嘉绒有数千僧侣花费数年时间在拉萨或者其他尊崇的教派圣地修学。叶长青在一篇书评中提到巴底的居民是嘉绒,巴旺居民是由雅砻迁移来的摩梭人,1923 年他提到在川藏边界地区,有一个巨大的嘉绒部落,他们操着不为人知的语言,其人数不低于 25 万。从川西以文明、影响和人数而论,最重要的部落无疑就是嘉绒,他们大部分居住在汶河和金川河流域。"①由此可见,关于嘉绒地区的研究,是叶长青的康巴研究的一个重心。

另一方面,是对川边藏传佛教及白石崇拜等宗教信仰习俗的研究。"叶长青多篇文章考察研究了川边白石崇拜信仰,他于 1923 年 4 月刊发的文章说拜石教（Litholatry）或者石头崇拜,是古代闪米特人（Semitic）的特色。它流传到很远地区,在随后的很长一段历史时期它也曾经是摩尼教的特征,叶长青关心波斯的玛尼是否曾经抵达过川边地区。从打箭炉到松潘,在所有宗教中石头崇拜是很普通

---

①　冯宪华:《近代内地会传教士叶长青与川边社会——以〈教务杂志〉史料为中心的介绍探讨》,《西藏研究》2010 年第 6 期。

的,特别是在巴底巴旺(Badi-Bawang)交界的地区。在Badi-Bawang的人口是很重要的,那些热情的僧人,表达出对三个主要寺庙的信仰,它们是两个藏传佛教一个苯教寺庙,石头崇拜在当地各处习以为常,那些触目可及的圣石摆放在门口、墙上、屋角、土堆,或者其他显眼的位置或者重要的地方,其普及程度可与其他藏族地区的风马旗媲美。叶长青总结白石的功用有以下5种:关于拜石的解释常常因地区不同而异,有时候会被认为它们是有男性生殖崇拜的意义;再者,根据方位性的不同,白石起了护身符保护的作用;或者它们被当做生火的材料加以敬畏,抑或曾经是圣洁物资的起源。它们被描述为山王菩萨和天菩萨。这含有朝拜山神的思想,白色石头代表雪。"①

这就是说,康巴地区的宗教信仰是叶长青的康巴研究的另一个重心。申晓虎、陈建明认为:"叶长青对康区宗教的研究呈现出两个特点:一是对语言的敏感性;二是善于不同宗教间的比较及对结论的大胆猜想。他从词语含义及其背景入手,采用比较宗教学的方法,对康区的苯教、藏传佛教及白石崇拜与其他宗教进行了比较研究,而

---

① 冯宪华:《近代内地会传教士叶长青与川边社会——以〈教务杂志〉史料为中心的介绍探讨》,《西藏研究》2010年第6期。

且通过实地调查，对宗教仪式、神职人员和仪式进行了较为详细的记录。"①申晓虎还认为："叶长青对藏传佛教的研究，也同样具有语言学的特色。与苯教研究一样，他首先关注的是佛教的六字真言，通过逐一解析六字真言的含义，分析其来源。他以真言中'嘛呢'（Mani）二字与摩尼教（Manicheism）名称中'Mani'相似，通过对比两种宗教教义、组织结构与神灵体系的相似内容，大胆地猜测摩尼教与藏传佛教之间存在某种程度的联系。"②

除了嘉绒地区研究与康区宗教研究，在叶长青的系列论著中，关于康巴语言的研究也很有特色，他的《华西语言变迁》《藏语语音系统》《藏语与闪米特语的对应词》等等，就是他在这个领域的代表性作品。

叶长青作为英国传教士康巴学的主要代表，"虽然没有接受过专业的人类学训练，但从叶长青在地理学、语言学及比较宗教学的研究取向和持中的科学收集方法当中，却看到鲍亚斯（Boas）的影子。同一时期在华西从事民族学研究的葛维汉，正是鲍亚斯弟子萨丕尔（Sapir）的

---

① 申晓虎、陈建明：《叶长青康藏民族学研究综述》，《西南民族大学学报》2010年第10期。

② 申晓虎：《比较的视角：叶长青康区宗教文化研究探析》，《北方民族大学学报》2011年第1期。

学生,他广泛收集了康藏地区各民族的文物标本,主持进行了西南地区考古学、民族学等方面的田野工作,同时认可并结合了中文文献,在羌、苗少数民族研究方面颇有建树。葛维汉的研究体现了鲍亚斯人类学理论的影响:大量的田野调查、丰富的未加解释的事实和信息,几千页的神话和经文翻译及收集艺术品的自然方法。由于缺乏坚实的理论框架及担心西方价值观的影响,葛维汉在得出研究结论时显得小心谨慎、惜墨如金。相反,叶长青以敏锐而极具开创性的思维,大胆推论、小心求证,而且颇为有趣的是其中部分结论为后来的研究所证实"①。

这就是说,相对于美国汉学家葛维汉(David Crockett Graham,1884—1961)在学术上的小心谨慎,叶长青更加相信自己的直觉,具有更强的判断能力、预见能力,这样的研究取向与研究风格,在一定程度上,带有预言家甚至是某些先知的色彩。这样的色彩,或许体现了传教士这种职业或身份对于他的康巴学研究的影响,这种影响是微妙的,但也是深刻的。这样的风格与彩色,为叶长青的康巴学研究增添了更多的个人化、个性化的魅力。

---

① 申晓虎、陈建明:《叶长青康藏民族学研究综述》,《西南民族大学学报》2010 年第 10 期

在叶长青之后,还应当提到他的助手顾福安(Robert Cunningham,1883—1942)。在汉语文献中,顾福安也称为顾福华。他生于苏格兰的爱丁堡,自 1907 年来到中国,就以打箭炉为基地传播基督教,直至辞世。他在康巴地区度过了 35 年的漫长岁月。

从年龄上看,顾福安比叶长青年轻 11 岁。他从英国来到康巴地区,主要是协助叶长青开展传教事业。"在博学多才的叶长青的引导和带动之下,顾福安对独具特色的康藏文化产生了浓厚的兴趣,刻苦发奋学会了汉语和藏语。他以打箭炉为中心,常年在周边的汉族和藏族区域传教,并坚持写作,记录他的传教经历和对康藏社会的考察,直至 1942 年在打箭炉去世。"数十年间,顾福安在《华西教会新闻》和《华西边疆研究学会杂志》这两种英文刊物上发表了 50 多篇文章。其中,"他在《华西边疆研究学会杂志》上发表的 9 篇文章全部围绕宗教主题展开,内容覆盖了藏传佛教的起源、教义、轮回、宇宙观、六字箴言、活佛转世、文学传奇等,具有较强的学术性。相对而言,顾福安发表在《华西教会新闻》的 46 篇文章,展现的则是他作为学者和传教士的双重身份、两种角色。分析这 46 篇文章:7 篇为学术性较强的研究型著述(《西藏的信徒、僧侣和朝佛者》《藏区的牦牛》

《论牧民》《喇嘛小议》《喇嘛教的方法论》《打箭炉简介》《边疆记事》），属于康藏研究的直接成果"，其他的一些文章大多属于游记或杂记，"在记录传教经历和心得体会的同时，也间杂、分散地记载了康藏地区的社会现状，风土人情、宗教信仰等，可视作康藏研究的间接成果"。①

　　按照朱娅玲的比较，"顾福安和叶长青其实有很多相似之处：两者同属于英国内地会，都长期在打箭炉传教，同是华西边疆研究学会的荣誉会员，都发表过大量康藏研究的论文，都是当时熟知康区文化的西方藏学家。但叶长青1905年就抵达打箭炉，首先建立了福音堂，是基督教新教在康区正式传播的创始者，1907年来华的顾福安是作为叶长青的助手抵康的。华西边疆研究学会成立之初的1922年，叶长青即是当时唯一的荣誉会员，先于顾福安成为荣誉会员的20世纪20年代晚期。虽然顾福安的论文数目和级别都远远高于当时一般的研究型人类学传教士，但较之论文数量最多的叶长青（仅在《华西边疆研究学会杂志》就发表论文67篇），还

---

　　① 朱娅玲：《传教士顾福安及其康藏研究》，载四川大学中国藏学研究所主编：《藏学学刊》第12辑，中国藏学出版社2015年版，第197—200页。

是甘居下风。由此可见,当后世的研究者将关注的目光聚焦到卓越的开拓者叶长青身上之时,无意地忽略了后期跟进的顾福安,虽然后者也在同一领域做出了巨大的贡献"①。

按照这样的比较,在英国传教士的康巴学研究中,如果叶长青是第一小提琴手,顾福安则是第二小提琴手。在两者之间,虽然叶长青的成就更为突出,具有更为耀眼的学术光芒,但顾福安的成就也不可小觑。因此,以叶长青、顾福安的康巴学研究,来代表英国传教士的康巴学研究,也许是一个恰当的选择。

四、传教士康巴学的特质

法、英两国传教士在康巴学研究领域的代表性论著,尚不足以展示外国传教士在康巴学研究领域的全貌。在古纯仁、叶长青等人的康巴学论著之外,其他传教士写下的康巴学论著,也是各有所长。但是,通过古纯仁、叶长

---

① 朱娅玲:《传教士顾福安及其康藏研究》,载四川大学中国藏学研究所主编:《藏学学刊》第 12 辑,中国藏学出版社 2015 年版,第 205—206 页。

青等人的康巴学研究,大致可以体会外国传教士康巴学的主要特质。

其一,传教士的康巴学研究与他们的传教活动相互交织,是传教活动的衍生物与副产品。

外来传教士的本职工作是传教,他们的康巴研究主要是传教活动的衍生物。譬如,关于叶长青的传教活动,冯宪华就有一段很翔实的描述:"他传教的主要方法就是散发圣经(Let Loose The Word of God),他在旅途中把宗教作品散发给同行的赶牦牛者和骡夫手中。一次他曾收到从远方闻所未闻的寺庙寄来的一封索要更多基督教小册子的书信。为完成他认为的一年发送二三万的圣书和印刷品正常的工作量,他忍受常人难以忍受的酷暑严寒,常常食不果腹,大多数时候遭人白眼,在山区流浪。从1922年的8月开始,叶长青卖掉和发送掉的文字材料如下:中文书12747本,藏文书4600本,藏文小册子传单19000份,合计36347份。在Bawang与Badi,各派别僧人都很愿意大量接受传教士的文字材料。叶长青在另外一篇文章中提到,虽然打箭炉教堂发展处在低潮衰退时期,但是那种友好气氛仍然在藏族人中存在。当9年前他抵达打箭炉时,遇到的是僧人们的敌视怀疑,但在最近的3个月(1923年)他就卖出派发14000本中文福音书和最少 5000 本藏文小册子。20000 份藏文传单给了当地的藏民和抵达这个城市的商队。"①这就是作为传教士的叶长青的本职工作剪影。

顾福安作为叶长青传教活动的助手,则尽可能采取多种灵活的方式,实现其传教的使命。朱娅玲写道:"除了采取主动出击的宣传策略,到街道闹市进行撒网式的布道,顾福安也会选择以逸待劳的传教方式。他把自己的住处兼传教的地点称作'后门',任由当地居民随意进出。'后门'的屋内摆放的矮桌子和许多座位,是专门为藏族人的习惯而设的,桌子上零散放着藏文版的福音书和一些破旧但插图丰富的《国家地理杂志》(*National Geographic*)。常常有闲逛的藏族扎巴(小喇嘛)被'后门'随意的氛围吸引进来,坐下来慢慢翻看藏文版福音书和《国家地理杂志》,此时顾福安并不打扰对方,而是安静在一旁守候。待到扎巴看完杂志准备离去之时,顾福安才上前询问,看扎巴读懂了多少福音书的内容,并试着用藏语向他们宣讲基

①　冯宪华:《近代内地会传教士叶长青与川边社会——以〈教务杂志〉史料为中心的介绍探讨》,《西藏研究》2010 年第 6 期。

督教义。"①除了这种直接针对单个的当地受众作出的点点滴滴的努力,顾福安的传教方式还包括办班教学、送医送药等等。

外来传教士的职责与使命决定了他们的康巴研究,主要是传教活动的副产品,是传教士履行其传教使命的衍生物。为了在康巴地区更加有效地传播他们信仰的宗教,特别是,为了适应传教对象的具体特点与实际情况,传教士们必须认识康巴、理解康巴,康巴地区的历史、地理、语言、风俗、信仰以及经济与政治,都是传教士们必须理解的对象。否则,就不可能有效地传播他们信仰的宗教。特别是康巴地区的语言、习惯与信仰方式,如果传教士们没有很好的把握,如果不能与之相适应,传教活动就无法正常进行。因此,适应当地人的语言、习惯与信仰,乃是有效传教的前提条件。对于这种"适应"的要求,1943 年出生的美国汉学家孟德卫有专门的阐述,他说:"在耶稣会传教事业发展中,这条在中国开辟的路线能设身处地从中国人的立场出发,并显示了其灵活性,笔者

---

① 朱娅玲:《传教士顾福安及其康藏研究》,载四川大学中国藏学研究所主编:《藏学学刊》第 12 辑,中国藏学出版社 2015年版,第 194 页。

因此称其为'适应性的'（Accommodative）或'耶稣会的适应政策'（Jesuit accommodation）"。① 从这个角度来看，古纯仁、叶长青等人对康巴地区文化环境的研究，特别是对康巴地区语言习惯的研究，与他们作为传教士的"本职工作"是不可分割的，甚至是一个优秀传教士应当具备的基本功。

但是，严格说来，传教士的使命与康巴学研究者的使命是有差异的，宗教传播与康巴学研究是有差异的，布道行为与学术活动是有差异的，在两者之间，从业者的身份不同，承担的角色不同，目标各有指向，甚至方法也不一样。正是这个缘故，虽然有一些传教士对康巴学研究作出了贡献，然而，相比之下，传教毕竟才是他们的第一职责。像叶长青这样的传教士，可能已经是传教士群体中的一个异数了。正如申晓虎、陈建明所言："传教士与文化人类学者之间身份的冲突是难以调和的。前者希望通过福音传播，改变受者的观念与行为，而后者更多是以'观察者'的身份，游离于目标人群之外。叶长青除了分发基督教书籍之外，从宗教的角度而言几乎没有以其它方式介入康区社

---

① ［美］孟德卫：《奇异的国度：耶稣会适应政策及汉学的起源》，陈怡译，大象出版社 2010 年版，"导言"第 1 页。

会,这与内地会的其他传教士以福音传播为中心的行为有较大差异,从这一点来看,他是一个'不务正业'的传教士,但同时却是一位勇于探索的人类学者。"①也许正是因为叶长青及其他一些传教士的"不务正业",他们才可能把一部分精力用于康巴学方面的研究与著述中,才能成就我们现在所看到的"传教士的康巴学"。

其二,传教士的康巴学研究与汉学研究相互交织,构成了传教士汉学的一个组成部分。

传教士的外国人身份,提示我们从汉学研究的角度来理解传教士的康巴学研究。从汉学研究的角度来看,传教士的康巴学研究本身就是汉学研究的一个组成部分。汉学的历史由来已久。针对汉学的演进历程,赵继明、伦贝有一个概括,他们认为,欧洲早期的汉学有三个阶段,分别是耶稣会士汉学阶段、欧洲汉学兴起的阶段以及学院派汉学阶段。② 张西平则直接提出了"传教士汉学"这个概念,他说:"从西方汉学的历史来看,我主张采用'游记汉学时期','传教士汉学时期'和'专业汉学时

①　申晓虎、陈建明:《叶长青康藏民族学研究综述》,《西南民族大学学报》2010 年第 10 期。

②　赵继明、伦贝:《早期欧洲汉学线索》,《文史哲》1998 年第 4 期。

期'的分期则更为合适。"其中，"传教士汉学的学术特点
是很明显的"，"首先，我们从西方学术与文化的角度来
看它。传教士汉学实际上是西方汉学的奠基石"。其
次，"传教士汉学的独特性还在于，作为一种对东方文化
的介绍与研究，它与西方思想的变迁是紧密相连的"。①
既然"传教士汉学"可以概括汉学发展的一个阶段，那
么，传教士康巴学作为汉学研究的一个组成部分，完全可
以归属于传教士汉学。

　　前文提到对叶长青的一个并非贬义的客观评价、中
性评价，就是他的"不务正业"。这个评价主要着眼于叶
长青作为传教士的角色。因为他是一个传教士，所以，他
的第一"正业"或本职工作就是全心全意地传教，让他的
受众接受他所传播的宗教。但是，他却花费了相当多的
时间、精力来从事具有学术性质的康巴研究，由此对汉学
研究作出了较大的贡献。紧随其后的顾福安，虽然较之
于叶长青，显得"更务正业"一些，传教士的角色意识更
为明显、更为强烈，但他在汉学研究方面取得的成绩，同
样值得称道。由叶长青、顾福安以及古纯仁的康巴学研
究，可以让我们看到，传教士的康巴学研究，与汉学研究

---

①　张西平:《传教士汉学平议》,《世界汉学》2006 年第 1 期。

是相互交融的,甚至是同一个事物的两个侧面:一方面,从汉学研究的角度来看,他们的康巴学研究作为"传教士汉学"的一个部分,前承"游记汉学",后启"专业汉学",已经融入了西方汉学的历史。另一方面,从康巴学研究的角度来看,传教士们在传教的同时,还从学术研究的层面上,开启了康巴研究的学术之路。

汉学虽然是中国之外的学者研究中国的一种学问,但在总体上,汉学又可以归属于东方学,这就是说,传教士的康巴学研究,也可以归属于东方学,也具有东方学的性质。东方学的性质是什么? 萨义德认为:"东方学的一切都置身于东方之外:东方学的意义更多地依赖于西方而不是东方,这一意义直接来源于西方的许多表述技巧,正是这些技巧使东方可见、可感,使东方在关于东方的话语中'存在'。而这些表述依赖的是公共机构、传统、习俗、为了达到某种理解效果而普遍认同的理解代码,而不是一个遥远的、面目不清的东方。"①

按照这个说法,东方学之下的汉学,汉学之下的传教士汉学,传教士汉学之下的传教士康巴学,也具有这样的

---

① [法]萨义德:《东方学》,王宇根译,生活·读书·新知三联书店1999年版,第29页。

性质:外来传教士描述的康巴,同样是西方人借以认识自己的"他者",描述这种"他者"的一个重要旨趣,就在于通过一种异己的文化,用以反衬西方文化的优越。事实上,"传教"这种行为本身,就已经蕴含着这种"东方学"的趣味——试想,如果不是坚信自己的文化(尤其是宗教)更加优越,有什么理由不惜历尽千辛万苦、千难万险去传播? 不过,正如顾明栋所见,"萨义德的东方主义理论虽然十分有用,但据之对中国材料进行研究总有方枘圆凿之嫌;勉强套用东方主义也有隔靴搔痒之感。萨义德多次重申他的理论是根据当时国际国内的政治而得出的。因为萨义德的理论主要探讨的是西方人(殖民者和学者)对中东文化的认识、观念和评价中所存在的问题,所以他的东方主义著述只是一带而过地提到了被殖民者。此外,萨义德的批评理论没有深入探讨被殖民者自身对于殖民文化的态度和看法"①。这些关于萨义德的批评提示我们,应当看到传教士康巴学可能存在的与生俱来的某些偏颇之处。

---

①　[美]顾明栋:《汉学主义:东方主义与后殖民主义的替代理论》,张强等译,商务印书馆 2015 年版,第 14 页。

五、结　语

从 19 世纪中叶开始，一直延伸至 20 世纪 40 年代，来自法国、英国等西方国家的传教士来到康巴地区，在传教的过程中研究康巴，对于康巴学的萌生，作出了实质性的贡献。如何全面评价那个时代进入康巴地区的外国传教士，是一个涉及面较宽的综合性问题，比较复杂，由于不是本书的主题，这里暂付阙如。但是，从康巴学萌生、发展的过程来看，外来传教士的培植之功却是不容忽视的。在相当程度上，现代意义上的康巴学，就是从传教士康巴学开始的。上文概述的传教士康巴学，在时间维度上，代表了"康巴学史"的第一个阶段。正是在传教士康巴学的基础上，康巴学才持续不断地发展起来，并形成了如今这种蔚为大观的、谱系化的康巴学理论景观。

从发生学的角度来说，传教士康巴学的兴起，是特定时代、特定语境下的产物。简而言之，是外来传教士在那个特定的时间段落里持续不断地进入了康巴地区，他们中的一些人经历了西方现代学术的熏陶，他们在传教的过程中，以西方近现代学术的眼光研究康巴、从事著述，促成了现代学术体系中的康巴学的发生。康巴学经历的这种发生方式，与其他学科的发生方式，有一个明显的区别。在现代意义上的汉语学术体系中，像哲学、经济学、法学、社会学、人类学等学科，基本上都是出国留学、学成归国的中国本土学者培植起来的。譬如，胡适、冯友兰等人对于现代中国的哲学学科，就有培育之功。以此类推，其他的学科也可以找到本学科的"第一代学者"。① 与这些学科相比，康巴学的发生略有不同：它是外来传教士来到康巴地区，率先培植起来的。

20 世纪中叶以后，外国传教士退出了康巴地区以及中国的其他地区，这标志着传教士康巴学由此走向终结，从此进入了康巴学的历史——从汉学的角度来看，则是进入了汉学的历史。不过，在传教士康巴学兴起之后，以

---

① 譬如，关于法学这个学科，有学者就把近代以来的中国法学家分成五代。其中，"第一代法学家成型于清末民初，其主要人物大略包括沈家本、梁启超、严复、伍廷芳和王宠惠等诸公。这辈人构成复杂，既有前清名宿，若沈家本、董康乃至于薛允升者；又有洋装新秀，如伍廷芳和王宠惠这样的留学生；更有像梁任公、严几道这样来自逊清，却成为新时代的启蒙大师的伟大人物"。详见许章润：《书生事业　无限江山——关于近世中国五代法学家及其志业的一个学术史研究》，载许章润主编：《清华法学》第 4 辑，清华大学出版社 2004 年版，第 42 页。

及在传教士康巴学终结之后的数十年间,康巴学作为一种专门的学问,继续蓬勃生长,呈现出更加多元化的格局,其发展既见于中国本土,也见于中国之外的世界各地。

本章内容原载《四川民族学院学报》2020年第4期,修订后收入本书。

第二章　经世者的康巴学

20 世纪初期,传教士的康巴学渐趋成熟;20 世纪 20 年代末期,经世者的康巴学开始兴起。如果说,传教士的康巴学是外国传教士培植起来的,代表了康巴学发展史上的第一种范式,那么,经世者的康巴学则是中国本土学者培植起来的、以经世致用作为取向的康巴学,可以代表康巴学发展史上的第二种范式。经世者的康巴学作为康巴学研究的一种新范式,顾名思义,它的核心旨趣、核心指向就是"经世"。

何谓"经世"?何谓"经世者"?在中国传统典籍中,"经世"一词极为常见。譬如,《庄子·齐物论》:"六合之外,圣人存而不论;六合之内,圣人论而不议;春秋经世先王之志,圣人议而不辩。"①《后汉书·西羌传》:"贪其暂

---

① 　方勇译注:《庄子》,中华书局 2015 年版,第 31 页。

安之势,信其驯服之情,计日用之权宜,忘经世之远略,岂夫识微者之为乎?"①《抱朴子外篇·审举》:"故披《洪范》而知箕子有经世之器,览九术而见范生怀治国之略。"②在汉代以后的历代官方正史中,在《资治通鉴》这样的以"资治"为目标的文献中,"经世"一词都是高频出现的概念。在清代,乾隆时期的章学诚还提出了"史学所以经世,固非空言著述也"③的观点。虽然具体的语境或有不同,但是,见于各种传世文献中的"经世"一词,基本上是指"治理世事"。分开来说,"经"就是经略、治理,"世"泛指世事、世界、社会、国家、天下等等。

在传统中国,"经世"几乎是一个没有多少歧义的概念。至于"经世者",则是很多"有志之士"特别是儒家士人的自我期许。传统中国的"有志之士",大多也都是以"经世"为志。特别是到了近代,"从龚自珍、魏源到梁启

---

① 《后汉书》卷 87《西羌传》,中华书局 1965 年版,第 2901 页。
② 张松辉、张景译注:《抱朴子外篇》,中华书局 2013 年版,第 305 页。
③ 罗炳良译注:《文史通义》,中华书局 2012 年版,第 828 页。

超、章太炎,当然还有许多其他的人,都是在'经世致用'等观念影响下,注重事实、历史、经验,主张改革、变法、革命,无论是龚的'尊史',魏的'师长',还是梁的'新史学',章的'国粹'……都可以看做是中国这种传统在近代特定条件下的继承和发扬"①。

更加值得注意的是,到了清代晚期,"经世"的内涵还有所增加。有一段时间,"经世"曾经在学术分科的意义上被使用,"经世"一度成为今天所说的一个"学科",正如陈少明在论及"哲学史"这门学问时写道:"传统中国只有经史子集,或辞章、义理、考据及经世的划分。"②按照罗志田的考证,早在乾嘉时代,义理、考据、词章这样的划分就已经出现,"后曾国藩又根据时代的需要加上偏于应用的'经世'一类,成为一些士人的思想资源"。从动因上看,"曾国藩这一补充尽管更多是出于时代的需要,但从儒学言也是非常重要的",因为,义理、考据、词章三学,"甚少顾及'澄清天下'这一传统重任",如果加上"经世"这一门学问,士人的"学问更接近

---

① 　李泽厚:《中国古代思想史论》,生活・读书・新知三联书店 2008 年版,第 311 页。

② 　陈少明:《做中国哲学:一些方法论的思考》,生活・读书・新知三联书店 2015 年版,第 8 页。

早期儒家本义"①。

由于晚清时期内外形势的变化,更由于曾国藩在晚清时期的巨大影响,他增补的"经世"作为一门相对独立的新学问,受到了后人的重视。譬如,在梁启超1901年写成的《南海康先生传》一文中,就把康有为称为"大教育家",梁启超根据康有为的"《长兴学记》之纲领旨趣",把康有为在广州长兴里讲授的学问体系分成四个部分,分别是"义理之学"、"考据之学"、"经世之学"与"文字之学"。这就是康有为在19世纪晚期理解的学术体系或学科体系。其中的"经世之学"主要包括:"政治原理学""中国政治沿革得失""万国政治沿革得失""政治应用学""群学"等内容。② 由这些具体的内容来看,康有为理解的"经世之学"主要是有关政治的学问,这与传统中国的"经世"概念,并没有什么实质性的差异。

由此可以发现,在曾国藩之后,至19世纪晚期,至少在得风气之先者如康有为、梁启超那里,作为一门学科、学问、学术的"经世之学",已经被接受。同时,"经世"也

---

① 罗志田:《近代中国史学述论》,北京师范大学出版社2015年版,第6页。

② 梁启超:《梁启超全集》,北京出版社1999年版,第485页。

可以代表学问的一种旨趣与范式。有志于研究"经世"这一门学科、学问、学术之人，就是"经世之学"的研究者，为了简明起见，可以称之为"经世者"。更加明确地说，本书在学术范式、学术谱系的层面上所讲的"经世者"，主要是指"经世之学"的研究者，亦即"如何经略世事"的研究者。

当然，"经世者"既可以研究"经世之学"，也可以从事"经世之业"。事实上，研究"经世之学"，就是为了从事"经世之业"；倘若不是为了从事"经世之业"，研究者所研究的学问，甚至都称不上"经世之学"。因此，研究"经世之学"，只是在为从事"经世之业"做准备。简而言之，研究学问是为了致用。有一些研究者，他们抱着从事"经世之业"的志向而研究"经世之学"，这样的研究者，就是我们所说的经世者。20 世纪 20 年代以降，由经世者开创的康巴学研究，可以称为"经世者的康巴学"。

一、经世者康巴学的兴起

经世者康巴学的兴起，既有历史渊源，也有现实背景。经世者康巴学兴起的历史渊源，如前所述，可以用儒家所谓的"澄清天下"这一传统来解释。《后汉书·党锢列传》描绘了一个志在经世的士人肖像："范滂字孟博，汝南征羌人也。少厉清节，为州里所服，举孝廉、光禄四行。时冀州饥荒，盗贼群起，乃以滂为清诏使，案察之。滂登车揽辔，慨然有澄清天下之志。"①这里的范滂其人，就是经世传统的承载者。后来流行的一些词句，譬如，"天下兴亡，匹夫有责"，还有"吾曹不出，如苍生何"，还有著名的"横渠四句"："为天地立志，为生民立道，为去圣继绝学，为万世开太平"，②等等，都可以视为"澄清天下"这一传统的替代性表达方式。现代社会流行的"报效国家""奉献社会""造福人民"，则可以理解为"澄清天下"这一儒家传统在当代中国的创造性转化。从历史渊源特别是历史上的儒家思想来看，在经世者康巴学兴起的背后，有一个古老的传统，那就是儒家士大夫所怀抱的"澄清天下"之志。在现代中国，一些知识分子怀着报

① 《后汉书》卷67《党锢列传·范滂》，中华书局2007年版，第644页。

② （宋）张载：《张载集》，章锡琛点校，中华书局1978年版，第320页。需要说明的是，流行的"横渠四句"通常是："为天地立心，为生民立命，为往圣继绝学，为万世开太平。"其中有三个字（"心""命""往"）不同于我所引用的中华书局版《张载集》中的文字。对于这样的差异，这里暂不深究。

效国家、造福人民的宏愿从事康巴学研究,由此促成了康巴学研究的一种新的范式:经世者的康巴学。

从现实背景来看,经世者康巴学的兴起又可以从三个不同的方面来理解。首先是整体性、全局性的现实政治背景;其次是地方性、局部性的现实政治背景;最后,还有一个现实的学术背景。这三个方面的背景,直接促成了经世者康巴学的兴起。

关于整体性的现实政治背景,依然可以从"报效国家"这个角度来切入。上文已经提到,下文还会详述,经世者的康巴学是在 20 世纪 20 年代开始兴起的。在那个特定的时代,五四新文化运动已经发生,随着辛亥鼎革而建立的中华民国,虽然已经走过了一二十年的历程,但是,一个独立自主的、统一的中国并没有真正建立起来,华夏共同体从传统的"天下体系"时代转向"万国体系"时代之后,所面临的现代国家建构这个根本的任务,并没有真正完成。一方面,对外没有实现真正的国家独立。在国家的东北地区,1928 年的"东北易帜"虽然从形式上实现了国家的统一,但在 1931 年的九一八事变之后,东北迅速沦为日本的占领地。1937 年的七七事变之后,中国作为一个现代国家面临的危机进一步加深。在日本之外,其他国家的势力在华夏大地上盘根错节,各种形式的

"治外法权""领事裁判权",严重地销蚀了中国的国家主权,严重地妨碍了中国作为一个现代国家的正常建构、有效建构、全面建构。在国家的西北边疆、西南边疆,也面临着各国势力的觊觎。另一方面,对内没有实现真正的国家统一。从民国初建至20世纪二三十年代,各种各样的地方势力彼此角力,华夏大地上虽有局部的和平与安宁,但全国范围内的"战时状态"长期存续。

那个时代,国家对内对外所面临的这些现实政治背景,虽然已是老生常谈,"至今已觉不新鲜"①。但在此重述,有助于理解经世者康巴学兴起的整体背景。因为,完成现代国家的建构是那个时代的中国所面临的根本任务,是那个时代最值得经略、治理的世事、大事、国事。从根本上看,经世者的康巴学,虽然是以康巴地区作为研究的主要对象,但是,研究康巴地区的经略与治理,毕竟构成了那个时代的现代国家建构的一个关键性的组成部分。在那个时代的中国,现代国家建构是一个复杂的系统工程,按照现代国家建构的要求研究康巴地区的经略与治理,可以从地方、局部的层面,回应整体性的现代国

① （清）赵翼:《赵翼全集》,曹光甫校点,凤凰出版社2009年版,第510页。

家建构的现实需要、迫切需要、政治需要。

当然,经世者康巴学兴起的更加直接的现实政治背景,毕竟还是地方性、区域性的现实政治背景,那就是中国的康巴地区如何深度地、妥帖地、严丝合缝地融入整体性的现代中国,成为现代中国的一个有机的组成部分。由此,就出现了一个康巴地区作为地方、作为局部与中国作为整体之间的制度性对接问题。要回应这一问题,当然是一个系统性的工程,而在康巴地区建立一个西康省,在那个特定的时代,可以说是这个系统工程的总抓手。

从历史上看,西康建省作为一个目标,始于清朝末年。清末拟建的西康省的范围,大致就是现在的康巴地区。这个地区原称"川边"。根据任新建的研究,"'川边'在地缘上正处于川、藏、滇、青、甘五省(区)接合部。北控甘青,南扼滇边,西联西藏,东通四川盆地,对四方具有高屋建瓴之势,战略地位十分重要。在历代中央政府治藏的战略中,具有'桥梁'、'纽带'、'依托'的地位。近代以来,随着帝国主义侵入西藏,'西藏问题'出现,川边地区成为帝国主义与西藏分裂势力觊觎之地。清代末期,他们利用清政府衰落、土司势力膨胀之机,凭借川边与西藏在宗教上的传统联系和'瞻对赏藏'的地缘关系,极力染指川边,严重危及四川与康藏地区的安宁。在这种形势下,清廷出于'固川保藏'的目的,作出了'经营川边,建立行省'战略部署,任命赵尔丰为边务大臣,大力经营川边地区。到宣统三年(1911),'川边'地区全部完成'改土归流',各项建设措施已见成效,初步具备了建省的基础,是年闰六月,傅嵩炑按赵尔丰的指示,向清廷呈交了'建立西康省折',奏请以边务大臣所管之地,建立西康省,以'守康境,卫四川,援西藏'"。然而,"这一建省计划因辛亥革命爆发,清廷倒台而未能实现"。民国以后,"1925年,北京政府改'川边'为'西康特别行政区',任命四川军阀刘成勋为西康屯垦使。自此'川边'正式改名为'西康'。但西康建省之事却迟迟未行"①。

从清末到民国,西康建省之事一再拖延,一方面说明康巴地区牵连的问题很复杂,另一方面也说明现代国家建构之不易。然而,在当时国内外的大背景下,通过西康建省以经略边地、边疆,最终促成现代国家的建构,又是一个亟待实现的目标任务。特别是,"'九一八'事变后,西南各省成为抗战的大后方,巩固康藏地区的重要性凸显出来,促使国民政府下决心,将西康建省之事付诸实

---

① 任新建:《经世致用——任乃强与西康建省》,载任新建、周源主编:《任乃强先生纪念文集:任乃强与康藏研究》,中国藏学出版社2011年版,第92—93页。

施。1934 年底,国民政府任命刘文辉为委员长,组建'西康建省委员会'。但当时的西康只有 19 个县和一个设治局,人口仅 30 万,每年赋税收入只有 50 万元左右,产粮仅够当地人民生活,根本无法供养政府人员,无论从人口、财政、粮食上来看都不足以建立一个省。因此,怎样建省? 如何解决建省中人口、粮食、财政的困难,成为首先要解决的问题"①。正是在西康建省过程中所面临的现实矛盾,正是这样一些与现代国家建构密切相关的地方性现实政治问题,迫切地需要针对康巴地区展开全面研究、深入研究、系统研究,进而有效地解决西康建省过程中的各种现实问题。这样的地方性的现实政治问题,直接激励了一些具有经世取向的知识分子,直接催生了经世取向的康巴学。

除此之外,经世者康巴学的兴起还有一个比较重要的学术背景,那就是在 20 世纪二三十年代,康巴学的研究已有一定的基础,这个基础就是外国传教士展开的康巴学研究。从 19 世纪中期开始,外国传教士来到康巴地区,既传播他们的宗教,同时也在一定层面上,把西方近

---

①　任新建:《经世致用——任乃强与西康建省》,载任新建、周源主编:《任乃强先生纪念文集:任乃强与康藏研究》,中国藏学出版社 2011 年版,第 96 页。

现代学术的旨趣与方法带到了康巴地区。外国传教士关于康巴地区的研究成果,对于中国本土的研究者,既提供了某种可以参考的范式,同时也对中国本土的研究者形成了一种正向激励。这就仿佛敦煌学一度面临的境况:"国际上曾流行'敦煌在中国,敦煌学在外国'的说法"①,这种"说法"极大地激励了中国学者研究敦煌学的热情。同样,康巴是中国的,但在 20 世纪早期,康巴学的研究反而是一些外国传教士在持续不断、持之以恒地推进。传教士研究康巴所形成的示范效应,传教士研究康巴所形成的激励作用,这两种因素都促成了中国本土研究者的康巴学研究。相比之下,外国传教士关于康巴学研究的范式,为中国本土研究者提供的参考,有可能更多地促成了经世取向的康巴学研究。

以上关于经世者康巴学兴起的背景分析,其实也是关于经世者康巴学兴起的原因分析、动力分析。正是在上述多种背景之下,经世取向的康巴学应势而生、应时而成。这种经世取向的康巴学以学术理论研究的方式,在推动西康建省的同时,也推动了现代国家的建

①　樊锦诗:《推动敦煌学发展为"一带一路"做贡献》,《新湘评论》2016 年第 11 期。

构。这种经世取向的康巴学研究成就了经世者的康巴学。作为一种不同于传教士康巴学的新范式,经世者的康巴学是世界的,但主要是中国的;经世者的康巴学是关于康巴的学术理论,但更强调"学以致用",更强调"经世致用"。

二、经世者康巴学的奠基人

上文分析了经世者康巴学兴起的背景、原因与动力,那么,谁是经世者康巴学研究的奠基人和主要代表?我的回答是:自 20 世纪 20 年代以来,直至今日,很多学者的康巴学研究,都可以归属于经世者的康巴学。但是,如果要为经世者的康巴学研究寻找一个奠基人,一个主要代表,那么,这个人就是任乃强。

任乃强(1896—1989),四川省南充县(今南充市)人。根据一篇《任乃强小传》,任乃强 1915 年考入北京高等农业学堂,1920 年毕业,回到南充任教,同时也从事相关工作。1929 年赴西康考察,由此开启了他的康巴研究。1935 年,他被任命为西康建省委员会委员,1940 年任西康通志馆筹备主任,1943 年以后,先后在华西协和大学、四川大学担任教授。1946 年在成都发起成立了康藏研究社，被推选为理事长，创办并主编了《康藏研究月刊》，"开创了藏汉学者合作进行藏学研究的范例，成为我国藏学史上一个重要里程碑"①。在中国本土的康巴研究者中，在 20 世纪 20 年代、30 年代、40 年代，任乃强的康巴研究，比其他学者的康巴研究，更为典型地体现了经世致用之旨趣，堪称经世者康巴学的奠基人与主要代表。我们作出这样一个判断，主要基于以下的分析。

其一，在传教士康巴学之后，任乃强是中国本土康巴学的主要奠基人。

按照杨嘉铭的研究，任乃强"作为现代康藏研究的奠基人"，在康巴学研究方面作出了突出的贡献。一方面，任乃强"著书立说，铺垫了康藏研究的理论基础"。具体地说，"先生'一生笔耕不辍，直到去世前仍以 96 岁高龄整日伏案写作。共撰有专著 25 部、发表论文 200 多篇，此外，尚有大量杂文、评论、笔记、报告等散见于报刊、文档。总数达千万字，堪称著作等身。'就康藏研究而

① 任乃强：《任乃强藏学文集》（上册），中国藏学出版社 2009 年版，"任乃强小传"第 1—3 页，

言,所著的专著就达 16 部。论文、考察报告达 50 余篇,
总数达 300 余万字。就先生的研究成果所涉及的范围来
看,也是十分广泛的,凡康藏地区的民族、历史、地理、农
业、宗教、文化艺术、民风民俗等均有所涉猎。在学术造
诣方面,正如四川康藏研究中心撰写的《一代宗师大家
风范》中所说的那样,先生'在康藏研究中首创的就是:1.
他是我国最早的《萨格尔》开拓者与研究者……2. 他首
次对康藏地区的地文地理、政区沿革、社会文化、民族民
俗进行科学的全面的考察……3. 他在康藏研究领域内创
立了大量新说……4. 他使用现代圆锥投影、经纬度定位、
汉藏英三种文字对照,绘制成了我国第一张百万分之一
康藏标准地图和十万分之一西康分县地图……5. 他第一
个将历史地理学方法用于康藏地区资源开发的研究……
6. 他还是川藏公路线路最初的选定者……'其实,先生
在川康研究方面开创性的工作还不止前述所言,笔者还
可以归纳几点:一是以他为首创造了康藏研究方面我国
的第一个民间学术团体——康藏研究社,并编辑出版了
该团体的学术刊物——《康藏研究月刊》。二是先生发
现藏草药'木格卓果'的奇效后,首次撰文作专门介
绍……三是康藏地理复杂,历史发展脉络存疑尚多,先生
知难而进,撰写了《康藏史地大纲》,该著作成为康藏史

地研究的引领性著作"①。

另一方面,主要体现为"建社团、办月刊,繁荣康藏研究"。具体地说,"20 世纪 40 年代中后期,任先生虽身在蓉城,但他对康藏之情十分笃重,对康藏研究一如既往。1946 年 10 月 6 日,由任乃强先生经过多方斡旋和努力,与刘伯量、谢国安、刘立千",以及"任先生的夫人罗哲情措等人共同发起,并在藩署街 36 号(任先生私邸)召开会议,宣布成立'康藏研究社'。该社的成立,标志着在我国第一个藏学研究的民间学术团体的建立。应当说,该研究社的成立和以后开展的实质性学术活动,是先生康藏研究学术生活中的又一个里程碑。先生作为康藏研究社理事会的理事长兼创办的学术刊物——《康藏研究月刊》的研究部主任,从草拟章程、发展社员、编辑出版《康藏研究月刊》,身先士卒,事

---

① 杨嘉铭:《现代康藏研究的奠基人——任乃强》,载任新建、周源主编:《任乃强先生纪念文集:任乃强与康藏研究》,中国藏学出版社 2011 年版,第 132—133 页。顺便说明,这里称任乃强"去世前仍以 96 岁高龄整日伏案写作",但如前所述,任乃强生于 1896 年,1989 年去世,"96 岁高龄"一说似乎不够精准,或许论者有自己的计算方式。倘若以"实岁"论,或许称之为"94岁高龄"更为妥当。

必躬亲"①。以上两个方面,主要概括了任乃强在康巴学研究方面的成就,主要体现了任乃强为康巴学研究作出的学术贡献。

其二,任乃强的康巴学立足于经世致用,是经世者的康巴学。

有多个方面的依据可以支持这样一个判断。首先是任乃强哲嗣任新建的观点。2009 年,在纪念其父辞世 20 周年的"任乃强与康藏研究学术研讨会"上,任新建提交的纪念其父的文章,标题就叫《经世致用——任乃强与西康建省》。这样的标题、这样的主题足以表明,在任新建看来,"经世致用"是任乃强及其学术最主要的特质。任新建在文章中写道:"作为他的爱子的我,便自然在一个较长时期内成为了他的学术助手和学生,帮他查阅资料、整理著作。这使我不仅能耳提面命,亲聆他的教诲,也深刻地感受他治学的博大与执着。在长期耳濡目染父亲之治学中,令我印象最深的有三点:一是他强烈的'经世致用'精神;二是他筚路蓝

---

① 杨嘉铭:《现代康藏研究的奠基人——任乃强》,载任新建、周源主编:《任乃强先生纪念文集:任乃强与康藏研究》,中国藏学出版社 2011 年版,第 135 页。

缕勇于创新的治学态度;三是他穿透人文与自然科学
的研究方法和独特视野。"①在这"三点"中,"第三点"
后文再论;"第二点"可以理解为任乃强对康巴学的创
造性贡献;相比之下,其中的"第一点"最吃紧,它既可
以解释"第二点",这就是说,任乃强在学术上的创新,
具有一个重要的品质,那就是经世致用,更具体地说,
就是"维护国家统一,促进民族团结"。② 当然,"第一
点"并不仅仅是服务于"第二点"的;"第一点"的独立
价值在于说明:任乃强及其学术的首要品质是经世致
用。因为这个"第一点",我们可以作出这样的推论:任
乃强的康巴学,乃是经世者的康巴学。在俗语中,有
"知子莫如父"的说法;反过来说,同样可以成立:知父
莫如子。尤其是任新建"在长期耳濡目染父亲之治学
中"形成的对于任乃强及其学术的印象,更加值得
信赖。

　　还有杜永彬的观点。杜永彬是中国藏学研究中心的

---

① 任新建:《经世致用——任乃强与西康建省》,载任新
建、周源主编:《任乃强先生纪念文集:任乃强与康藏研究》,中国
藏学出版社 2011 年版,第 91 页。

② 任新建:《整理说明》,载任乃强:《任乃强藏学文集》(上
册),中国藏学出版社 2009 年版,第 5 页。

研究员,既是任乃强的开门弟子,也是任乃强的关门弟子,换言之,杜永彬是任乃强培养的唯一的康藏史研究方向的硕士。为了纪念任乃强辞世20周年,杜永彬写成了一篇长达55页的文章,题为《传奇坎坷　博大精深　经世致用——任乃强的生平、学术和思想》,①从这个标题即可以看出,"传奇坎坷"主要在于描述其"生平",因此,文章的第一个小标题就叫"传奇坎坷的人生经历";由于第二个小标题叫"博大精深的学术创见",因此,"博大精深"主要在于描述其"学术"。很自然,第三个小标题就叫"经世致用的治学思想",在这个小标题下,作者写道:"经世致用是中国知识分子的优良传统和治学宗旨。任先生的学术研究不仅取得了丰硕成果,提出了许多博大精深的学术创见,而且其治学务求经世致用,其治学风格和治学思想具有鲜明的经世致用、参与研究和厚今薄古的特点。"进一步看,"经世致用、务求真实是他一以贯之的学术思想,维护国家统一、促进民族团结是他始终坚持

---

① 杜永彬:《传奇坎坷　博大精深　经世致用——任乃强的生平、学术和思想》,载任新建、周源主编:《任乃强先生纪念文集:任乃强与康藏研究》,中国藏学出版社2011年版,第3—57页。

的学术立场"。① 按照这些论断,任乃强治学,所恪守的主要思想、主要立场就是经世致用,他的康巴学研究,乃是经世致用取向的康巴学研究。任乃强培养的唯一的硕士对任乃强的治学思想的概括与提炼,也是值得信赖的。

还有杨嘉铭的观点。在前引杨嘉铭的文章中,第三个部分的小标题就叫"学以致用,图康藏社会进步与发展"。杨嘉铭在这个小标题下写道:"任先生对康藏的贡献,绝不仅仅局限在著书立说方面,更重要的是以自己的学识和能力,力图解决康区社会中的一些实际问题,从而维护康区社会的进步和发展。"②杨嘉铭的这个判断可以进一步佐证任新建、杜永彬的观点:任乃强是为了经世致用而从事康巴研究。此外,根据张勋燎的回忆:"任先生告诉我,他订立的家训是'自立自强,有益人

---

① 杜永彬:《传奇坎坷 博大精深 经世致用——任乃强的生平、学术和思想》,载任新建、周源主编:《任乃强先生纪念文集:任乃强与康藏研究》,中国藏学出版社 2011 年版,第 7、27、43 页。

② 杨嘉铭:《现代康藏研究的奠基人——任乃强》,载任新建、周源主编:《任乃强先生纪念文集:任乃强与康藏研究》,中国藏学出版社 2011 年版,第 136—137 页。

民'八个大字。"①这"八个大字"的家训，特别是其中的
"有益人民"，与学以致用、经世致用的指向完全是吻合
的。杨嘉铭是西南民族大学教授，张勋燎是四川大学教
授，作为学界人士，他们的观点或记述，也有助于我们理
解任乃强康巴学研究的经世品质。

　　以上引证的几种文献，代表了他人对任乃强作为经
世者康巴学奠基人、主要代表的确认。在此基础上，我们
还可以透过任乃强自身的经历，进一步察看任乃强的康
巴学作为经世者康巴学的性质。

　　还是引用任新建的叙述："早在 1928 年，先父撰写
《四川史地》一书时，就深切地感到前人关于'川边'的记
述与研究极为稀少，痛心于'西姆拉会议'时，我国'当政
者对于康藏部分之形势与建置沿革，皆不明了。但凭英
人所制致简略之地图，为讨论依据，所言地方，悉甚含
混'。有关政府官员，甚至连一些地名在哪里都搞不清。
他从乡土史地的研究中总结出：川边占四川大半面积，地
旷人稀，发展落后，但战略地位重要，从来治藏皆依托这

---

　　①　张勋燎：《问学任乃强先生旧事琐忆——为"任乃强与
康藏研究学术研讨会"而作》，载任新建、周源主编：《任乃强先生
纪念文集：任乃强与康藏研究》，中国藏学出版社 2011 年版，第
65 页。

个地区,当今要巩固西陲,'首当开发川边民族地区,消除边腹民族之扞隔及经济发展之差异'。因而萌发赴藏实地考察研究的愿望。恰好此时同学胡子昂来信邀请他赴康考察,于是自 1929 年 5 月起,至 1930 年 4 月,他到西康地区进行了为时近一年的考察。先后考察了泸定、康定、丹巴、道孚、炉霍、甘孜、瞻化(新龙)、理化(理塘)、雅江等 9 县"①。

"在这次考察中,他对筹建西康省作了三项重要贡献:一是他通过实地踏勘,运用圆锥投影法测绘了各县的地图 14 幅,使这些地区第一次有了较详尽和准确的现代地图,各县有了明确的各行政区划与四至标识,有了较准确的地形图,为后来西康建省时设县区划提供了可靠的依据。二是在这次考察中,他详细调查和分析了各县的自然环境、地质、土壤、气候、物产、农牧业、商贸、交通、财政、教育和人口、民族、社会、土司、吏治、城镇、宗教等情况,评估了各县的发展潜力,指出了交通问题是西康开发的关键;改良传统生产方式,引进和推广优良品种是西康农牧业发展的途径。

① 任新建:《经世致用——任乃强与西康建省》,载任新建、周源主编:《任乃强先生纪念文集:任乃强与康藏研究》,中国藏学出版社 2011 年版,第 94 页。

除了将'视察报告'详陈当局外,还在《边政》杂志上公开发表,引起各界的关注。三是他根据调查研究提出了《改善雅砻江渡船计划书》《道、炉行船计划书》《开办康、泸、丹三县茶务计划书》等 4 项建设计划,并对西康邮政、电讯、公路甚至铁路建设的可行性进行了论证。这些都是过去没人深入考察研究过,也从没有人提出过的,发表后使人耳目一新,对西康有了新的认识。据说,当先父的头两篇视察报告被胡子昂送呈刘文辉后,立刻引起刘的特别重视,刘对胡说:'从来还没有见过这么详尽踏实的报告,以后他的报告每篇都要交我看!'"①

　　这两段文字表明,任乃强在从事康巴研究之初,就具有强烈的经世致用的精神。更加重要的是,他的康巴学研究成果,确实产生了明显的"经世"作用。他在西康建省过程中发挥的实际作用,就是经世致用的具体体现。正是立足于经世的立场,任乃强奠定了经世者的康巴学

---

　　① 任新建:《经世致用——任乃强与西康建省》,载任新建、周源主编:《任乃强先生纪念文集:任乃强与康藏研究》,中国藏学出版社 2011 年版,第 95 页。这段文字中提到的"《边政》杂志",指《边政公论》,该杂志由中国边政学会边政公论社编辑发行,1941 年创刊,1949 年停刊。

的基础。他不仅是经世者康巴学的主要奠基人,而且也是经世者康巴学的第一个主要代表。

三、经世者康巴学的代表作

康巴学是一门学问,经世者的康巴学当然也是一门学问。一个追求经世致用的人,如果只有几篇关于康巴地区的考察报告,如果仅仅是向政府提出了几项关于康巴地区的政策建议,那是不足以成就一种"康巴学"的。经世者康巴学的成立,必须要有足够的学术作品作为支撑,否则,可以言"经世",但不足以言"学"。任乃强作为经世者康巴学的奠基人与主要代表,就是因为他既坚持经世之理想,同时还为康巴学这门学问写出了代表性的学术作品。因此,我们可以通过任乃强的代表作,来考察经世者康巴学的学术精神与学术风格。

2009 年出版的三册《任乃强藏学文集》之目标,就在于"尽可能全面地反映他在藏学研究上的学术思想与学术成就"[①]。在这部三卷本《文集》中,最具代表性的康

---

① 任新建:《整理说明》,载任乃强:《任乃强藏学文集》(上册),中国藏学出版社 2009 年版,第 12 页。

巴学论著是《西康图经》《康藏史地大纲》以及《考察报告》等等。

其中的《西康图经》一书,既是任乃强的代表作,也堪称经世者康巴学的代表作。从篇幅来看,此书长达 624 页,因而也是一部真正的巨著。此书由"境域""民俗""地文"三篇组成。其中,《境域篇》由"部分""辨名""疆域""省会""界务""县界"等各章组成,这些内容从 1932 年开始在《新亚细亚》月刊上连载,1933 年出版专册。《民俗篇》主要论述"番族"之"人种""职业""居住""饮食""衣服""性格""礼俗""岁时""娱乐""语言",同时也论述"汉族及其他各民族",包括"客民来历""客民小传""移民问题""倮倮""滇边诸族",这些内容从 1933 年开始在《新亚细亚》月刊上连载,1934 年出版专册。《地文篇》分七章,包括"地形""地质""山脉""水道""经纬度与气象""正译""纠谬"等,这些内容从 1933 年开始连载,1935 年出版专册。

关于此书的撰述旨趣,任乃强在书前的"弁言"中写道:"嚣然众口之西藏问题,非即藏族之统治问题乎?在昔统治西域之关键,在于巩固驻藏大臣之权力。鼎革以来,情势遽变,西藏自治,已成事实;藏族统治问题之重心,乃在省藩境界之分划,康藏界务,即其症结。质言之,今日之西藏问题,即西康境域问题而已。西康行将建省,国人之意,欲此省境包有江达。而藏藩之意,欲使彼境东抵泸定。英人自称调停者,又欲以瞻对以西界藏。然则西康究何有乎? 国人对此,不能无争。争必有说。说必有据,然后足以折其心而塞其口。回观往事,国人对于康藏境界,争持未尝不烈。无如所言,悉失要领,每每争其所不必争,而遗其所不当弃,以致争愈力而地愈蹙。20 年来,节节退步,至将回复吐蕃时代之旧境。其弊何在? 在未明了康藏之部分形势与其建置沿革,一味瞎争,适以启列强之轻蔑,失藩国之同情也。本篇根据史籍与档案,将康藏间历史的、自然的、拟议的、实现的,种种界线之成立的原因,变革的状况,与其相关之一切质素,分条剖析,绘图说明。冀国人阅之,能深切明了康藏界务上之各种线纹与其理据,庶将来有所争持时,进退裕如,不复如昔人之徒遗笑柄也。"①这段"弁言",为我们理解《西康图经》之旨趣提供了关键的信息。

---

① 任乃强:《任乃强藏学文集》(上册),中国藏学出版社 2009 年版,第 2 页。

一方面,此书的撰写,直接服务于康藏界务问题的解决。在西康行将建省之际,西康与西藏的境界问题、西康与其他各省的境界问题,乃是各方争执的焦点,但是,很多当事人不明就里,"一味瞎争",既让当时的列强看不起,又增加了地区之间的误解,就国家利益来说,所失甚多,所得甚少。写这部《西康图经》,就是希望遏制"20 年来,节节退步"的困境。有学者在论及此书时写道:"20 世纪 30—40 年代,国内藏学研究肇兴,西康研究为其中重要组成部分。此时期,有关西康问题的研究呈现出一派繁荣的景象。究其缘由,边疆危机突显,民族意识日增,康藏问题渐趋恶化。至抗战爆发,边疆之开发急迫,是其主要推动因素。然而,国人对僻居一隅之西康,尚感陌生,著述虽多,大多或偏重一方面,或讹误百出,'学术亦至幼稚……至若边远之区,则几无记载可言'。任乃强先生之《西康图经》一书正是在此背景下产生的。"[1]这就是说,任乃强的这部书是康藏问题恶化、边疆开发急迫背景下的产物。根据任乃强的这篇"弁言",我们还可以体会到,此书最

---

[1]　邹立波:《族群、社会与文化——〈西康图经〉描述下的民国康区》,载任新建、周源主编:《任乃强先生纪念文集:任乃强与康藏研究》,中国藏学出版社 2011 年版,第 183 页。

现实、最具体、最直接的目标,是为了应对康藏界务问题的争执;此书最根本的目标,还在于通过服务于西省建省,促进现代国家的建构,最终服务国家、"有益人民"。

另一方面,虽然此书的旨趣在于经世致用,但此书的形式、内容、方法,又是学术的。此书既注重史籍与档案,又注重自然的、现实的种种情况,因而又是一部严格的学术著作,是以学术的方式来回应现实的政治问题,既实现了"学以致用",又体现了学与术的兼顾。说到这里,有必要稍微停顿一下,有必要回顾《汉书·霍光传》中,班固对霍光的一个评价:"不学亡术,暗于大理。"①这里的"不学亡术",就是今天所说的"不学无术"。这里的"不学"与"亡术",可以并列起来理解,譬如,我们可以说,霍光既"不学",又"亡术";但是,"不学"与"亡术"也可以按照因果关系来理解:霍光因为"不学",所以"亡术"。按照这样的因果关系,"学"是"术"的前提条件。就"学"与"术"的差异来看,"学"旨在弄清原理,譬如,"浮力学"就是"学";相比之下,"术"旨在实践或致用,譬如

---

① 《汉书》卷68《霍光传》,中华书局1962年版,第2967页。

"航海术"就是"术"。① 以"学"与"术"的这种关系来看，《西康图经》是探究原理之"学"，具体地说，是探究原理的"康巴学"著作，然而，恰好是这样的"学"，才能够很好地服务于现实政治问题的解决，亦即承担起作为"术"的经世致用之功能。在这个意义上，《西康图经》是一部严格意义上的"学"以致用、"学"以经世之作。

从实际效果来看，《西康图经》一书确实也很好地体现了"经世"的功能。根据任新建的叙述："《西康图经》的发表，引起了当时各界人士的高度重视，素无交往的国

---

① 关于学与术的关系，梁启超 1911 年写下的《学与术》一文给予专门的讨论。详见梁启超：《梁启超全集》，北京出版社 1999 年版，第 2351 页。此外，"学术"一词，在中国传统典籍中，还可见于《史记·老子韩非列传》："申不害者，京人，故郑之贱臣。学术以干韩昭侯，昭侯用为相。"详见《史记》卷 116《西南夷列传》，中华书局 1982 年版，第 2146 页。这里的"学术"，不是"学与术"，而是"学习术"。学是动词，术是名词。按照汉学家顾立雅的说法，这里的"术一般用于概括申不害的政治学说"。详见［美］顾立雅：《申不害：公元前四世纪中国的政治哲学家》，马腾译，江苏人民出版社 2019 年版，第 17 页。至于申不害所"学"之"术"的具体内容，韩非子的解释是："术者，因任而授官，循名而责实，操杀生之柄，课群臣之能者也。此人主之所执也。"详见高华平、王齐洲、张三夕译注：《韩非子》，中华书局 2015 年版，第 620 页。

民政府考试院长戴传贤，亲笔为书作序，誉为'边地最良之新志'，'自来志书中罕有其比。其指示研究地方史地者以中正广大之道路者，尤为可贵'。时在南京的蒙藏委员会委员格桑泽仁，阅后到处向人推荐此书。至于学术界和关心藏事的人更视此书为经典。由于此书的广泛影响，书中的许多观点和研究成果都成为后来西康建省的依据，在很大程度上促进了西康建省的进程。"①不仅如此，任乃强还以这部《西康图经》作为基础，进一步发挥了这部学术著作对于经世致用的支撑作用。譬如，1935 年，任乃强受刘文辉委托，起草了一份《条陈经康大计》，呈交国民政府的最高当局。所谓"经康大计"，就是"经略康巴的大计"。在这份报告中，任乃强指出："复兴中国之基地既群属意于四川，则拱卫四川之康区即为复兴中国之后劲。经康之要领，端在完成省制以定治权。"对此，任新建写道：这份报告，"无疑对蒋介石和国民政府产生了影响，加快了西康建省的进程。报告交后不久，即 1935 年 7 月，西康建省委员会就在雅安正式成立。建省委员会成立之初，只刘文辉等 7 人。不久委员张铮病

---

① 任新建：《经世致用——任乃强与西康建省》，载任新建、周源主编：《任乃强先生纪念文集：任乃强与康藏研究》，中国藏学出版社 2011 年版，第 96 页。

故,刘文辉推荐先父补为建省委员。"任新建还特别强调,"刘文辉之力荐先父,并非与先父有何私交,只是因为先父熟悉康情,建省的有关计划多为先父所拟,以后建省各项计划尚须先父出力,才把他荐到建省委员中来"①。现在,我们从"学"与"术"的关系来看,任乃强草拟的这样一些对西康建省产生了直接推动作用的报告,都可以视为《西康图经》这样一部旨在经世的康巴学著作所发挥的"经世"作用。

在《西康图经》之外,《康藏史地大纲》一书也很有代表性。在1942年写成的关于此书的"自序"中,任乃强说:"向撰《西康图经》,已出3册,因事暂辍。滥竽康政,匆匆三年,才不副位,退理旧业。此时识见略重,雕虫自笑,乃罢图经,思更撰为康藏志稿,藏之名山。力不从心,荏苒未就。三十年(1941)春,应西康省地方行政干部训练团约,编授康藏史地讲义。50日中,成稿3册,23万余言。"②这几句自撰的序文表明,在任乃强的观念里,《康

① 任新建:《经世致用——任乃强与西康建省》,载任新建、周源主编:《任乃强先生纪念文集:任乃强与康藏研究》,中国藏学出版社2011年版,第97—99页。

② 任乃强:《任乃强藏学文集》(中册),中国藏学出版社2009年版,第438页。

藏史地大纲》有赓续《西康图经》之意义。所谓"退理旧业",就是从实际的"康政"(亦即"西康省政"或"西康政治")中退出来,继续从事康巴学研究。因此,这部《康藏史地大纲》在一定意义上,可以视为《西康图经》之续篇。从《西康图经》到《康藏史地大纲》,具有一脉相承的关系。这前后相承的"一脉",就是经世取向的康巴学研究。

从内容上看,《康藏史地大纲》共分四章,分别述及"康藏鸟瞰""康藏古史""康藏近史""康藏现况"四个方面。大致说来,这是一个以史为纲、史地结合的框架。按照任新建的归纳,这部论著主要"有两大特点。一是史论结合。叙史立足于'阐发康藏问题各要点之目的',紧紧围绕西藏、西康与祖国的关系这一主线,剖析历代治藏之得失与近代康藏问题的由来和症结。重点针对当时康、藏的现实问题,有鲜明的时代特色与实践意义。二是史地结合,以科学的地理研究,阐发地理环境对康藏历史发展的影响,别开生面"①。按照这样的概括,这部《康藏史地大纲》的主要特色,还是面向现实、面向问题、面向

---

① 任新建:《整理说明》,载任乃强:《任乃强藏学文集》(上册),中国藏学出版社 2009 年版,第 9 页。

时代、面向实践,这四个"面向",依然延续了经世致用的品性。

事实上,着眼于《康藏史地大纲》一书的由来,也有助于我们理解这本著作的旨趣。这部书是在西康建省之后,任乃强为西康省地方行政干部训练团讲授康藏史地课程的讲义。换言之,这部书本来就是一部干部培训教材。这部书最直接的目的,是让西康省的行政干部掌握西康的历史与地理,从而更好地在西康省的范围内从事行政管理工作。任乃强灌注在这部书中的知识与智慧,可以转化成为西康省行政干部的治理能力,进而改进对西康的治理,这其实是以一种曲折的方式,实现作者经世致用的目标。回顾历史,可以发现,在古代中国的儒家传统中,有"得君行道"的理论与实践,①更具体地说,就是儒家士人可以借助于君主的支持,推行他们所秉持的大道,实现他们"澄清天下"的理想。在现代中国,君主虽然不复存在,但是,任乃强通过培训西康省的行政干部,引导这个行政干部群体,按照自己对"康藏史地"的理解去行政,或许可以不太恰当地

① 关于"得君行道"的讨论,可以参见余英时:《朱熹的历史世界:宋代士大夫政治文化的研究》,生活·读书·新知三联书店 2004 年版,第 445 页。

概括为"得官行道",亦即:借助于西康省的行政干部去实现自己关于西康治理的理想。这样的"得官行道"与传统中国的"得君行道",其实是同一个传统在不同时代的不同表达,这个传统就是"经世"。从这个角度来看,《康藏史地大纲》同样是经世者康巴学的代表性著作。

除了以上两部颇具代表性的康巴学论著,任乃强还撰写了一系列针对康巴地区的考察报告,譬如《西康视察报告》《西康札记》《泸定考察记》《天芦宝札记》等等。在这些报告中,有的是根据地方政府的委托而写的,写成之后直接提交给地方政府,譬如《西康视察报告》就属于这种情况;有的是为进一步研究所做的准备工作,譬如《泸定考察记》就属于这种情况。更加值得注意的是,1950 年初,任乃强还按照贺龙的要求,以口头报告的方式,向贺龙等人提供了进军藏区(包括康区)、解放西藏的一系列建议,这些建议总体上得到了采纳,①这是任乃强的康巴学研究在经世致用方面的集中体现。此外,任乃强还撰写了大量的单篇

---

① 详见任乃强:《回忆贺老总召谈解放西藏》,《中国藏学》2001 年第 4 期。

论文,①这里不再逐一评述。概括地说,这些报告、论文、著作,其实都有一个共同的追求,那就是经世致用,区别在于:有的论著是直接的"经世",有的论著是以学术的方式"经世"。

四、经世者的康巴学:一个更宽的视野

任乃强是经世者康巴学的主要奠基人与典型代表,但是,经世取向的康巴学的研究者,并非只有任乃强一个人。严格说来,从 20 世纪二三十年代开始,由中国本土学者展开的康巴学研究,多多少少都有一定的经世致用的色彩;完全没有经世功能、完全没有经世意愿的本土康巴学者,其实是很少的。在康巴学研究领域,即使是纯而又纯的所谓"纯学术",也会间接通往经世致用。从这个意义上说,尽管我们可以把任乃强当作经世者康巴学的主要代表,但如果要进一步追问:到底哪些学者可以归属于经世者康巴学的研究者? 对于这样的问题,我很难给

①　详见《任乃强主要著述目录》,载任乃强:《任乃强藏学文集》(下册),中国藏学出版社 2009 年版,第 659 页。

出一个确切的答案,我也很难拉出一个精准的名单来。由于每个人所持的标准都不同,任何人拉出来的名单都会遭受合理的怀疑。

但是,我们叙述一种康巴学的研究范式,我们提出有一种康巴学可以称为经世者的康巴学,却不能只讲一个人。经世者的康巴学毕竟可以代表一种相对明确的范式、旨趣、追求。必然有一些研究者的康巴学研究,都在主动地追求经世致用。因此,我们可以通过举例的方式,从更宽的视野中,考察更多的具有经世取向的康巴学研究者。那么,从何着手?从哪里切入?才能看到作为一个"面"的经世者康巴学,而不仅仅是任乃强这一个"点"的经世者康巴学?

在几经踌躇之后,我还是选择了康藏研究社及其《康藏研究月刊》。前文已经提到,康藏研究社是一个民间学术团体,《康藏研究月刊》是一个民间学术刊物,同时也是一个同人刊物,由这个刊物汇聚起来的康巴学研究者,应当具有共同的学术旨趣。更重要的是,任乃强是康藏研究社的理事长,也是《康藏研究月刊》的主事者。既然任乃强是这个民间学术团体及刊物的主持人,那么,这个民间学术团体的同人,他们的康巴学研究,大体上说,都可以归属于经世者的康巴学研究。反之,如果不是这样,如果他们没有共同的旨趣,康藏研究社就不是同人学术团体,《康藏研究月刊》也不是同人学术刊物。

康藏研究社是 1946 年 10 月成立的,《康藏研究月刊》于 1946 年 10 月 30 日出版了第一期。在第一期杂志的封面上刊登的"发刊小启"中,开篇便道:"二十年前,研究我边疆者,全属外国人士,彼能精深透辟,无微弗届;认识既清,运用自巧。于是我之边疆多事,于是我之国土日蹙。……目前如东北,如外蒙,如西北诸问题,已渐入于解放阶段,惟兹西陲,杌陧未定,光昌前程,亟待人谋。同人等,为协力争取此责任故,组织康藏研究社,为便利交换研究意见故,编印此刊物。……同人之意,将此涓涓泉溜,滴穿封闭康藏秘藏之巨石,俾国洞见其症结所在……俾此涓滴克成洪流,藉收冲破盖障之捷效已耳。"①

根据这份"发刊小启",我们可以看到:第一,包括康巴研究在内的中国边疆研究,外国人士已经走在了中国本土学者之前,这也间接印证了前文之所见:中国本土学者的康巴学研究,晚于外国传教士的康巴学研究。第二,这是一份同人刊物,康藏研究社是一个同人学术团体。

---

① 《发刊小启》,载《康藏研究月刊》第一期,第 1 页,成都,1946 年 10 月 31 日。

在第一期杂志的第 2 页,还列出了一个"康藏研究社发起人"名单,名单包括 126 人。显然,这是一个规模较大的发起人群体,虽然其中有一些人可能有"友情挂名"的性质,但既然愿意"挂名",大体上应当有共同的追求,大致都可以归属于这个同人学术团体的范围。第三,这份刊物具有一个共同的追求,那就是,谋求"西陲"之"光昌前程",显而易见,这是一个追求经世致用的学术刊物,支撑这个刊物的康藏研究社,则是一个具有经世取向的同人学术团体。

根据这篇"发刊小启",我们可以推断,这个刊物的核心作者群,虽有个别的例外,大体上可以归属于经世者康巴学的研究者。正如谢敏所见:"该刊具有强烈的'经世致用'的性质。所以该刊以很大篇幅发表了一系列关于康藏,尤其是颇多误传的藏北、藏南地区地理、民族、风俗的考察文献,这在当时是独一无二的。"①既然该刊在发表"经世致用"的文章方面,享有这种"独一无二"的地位,我们就有理由把该刊的核心作者群,作为经世者康巴学研究者群体的一个缩影。在这里,根据谢敏的归纳与

① 谢敏:《〈康藏研究月刊〉述略》,载任新建、周源主编:《任乃强先生纪念文集:任乃强与康藏研究》,中国藏学出版社 2011 年版,第 232 页。

研究,在《康藏研究月刊》上发表文章的核心作者,除任乃强本人之外,主要包括以下这些撰稿人。

一是谢国安。"四川甘孜人。幼年入寺,后至锡金入教会学校求学,精通藏、汉、梵、英文。壮年屡次伴同西人深入考察前后藏、羌塘、阿里、拉达克和不丹、印度、尼泊尔等地,以后多年在西康教授藏文。1943年入华西协和大学,任边疆研究所研究员,主要著作有《藏人论藏》《西藏与西藏人》等。50年代初随军入藏,担任西藏军区干校藏文教授,1976年病逝。"

二是刘立千。"四川德阳人。幼嗜内学,1934年赴理塘学藏密,旋转康定,从谢国安学藏文,从桑墩堪布、扎巴堪布、观空法师等学法。曾去德格、昌都、类乌齐考察。1938年与谢国安之女谢建君结婚,先后到康定师范学校和国立师范学校任教。1944年紧随谢国安入华大边疆研究所任助理研究员,主要译著有《西藏政教史鉴》《续藏史鉴》《印藏佛法》等。"

三是戴新三。"四川成都人。由高等文官考试及格,历任蒙藏委员会编译室主任、调查室主任、《蒙藏月刊》主编等职。1940年奉派入藏,任驻藏办事处政务科长。居藏四年间,遍历卫藏各大名城,深入考察,所获甚丰。1945年返川后,任川康考铨处主任秘书,参与发起康藏研究社,发表关于康藏之游记、政论颇多。新中国成立后曾任四川省参事室参事。"

四是李思纯。"云南昆明人。少年中国学会成都分会最初的九个成员之一。曾留学法国、德国,结识了蔡和森、王若飞、徐悲鸿、朱德、陈寅恪等人。归国后先后任教南京东南大学、北京大学、四川大学。精通多门外语,译著甚多,例如:《史学原论》《元史学》《学海片鳞录》等。其留学欧美时见外人所著关于康藏之书甚多,慨叹国内康藏研究不力,故积极参与康藏研究社的发展,义务为社刊供稿。"

在以上各位撰稿人之后,谢敏还逐一介绍了罗哲情措、王恩洋、岑仲勉、岭光电、庄学本、闻宥等人。"以上所罗列的均系该刊的主要撰稿人,此外,在该刊的作者群中还有彭公侯、张志远、李鉴铭、曾代国等人……其中,谢国安关于藏北地理民俗的系列文章、戴新三的《后藏环游记》等均以亲身考察之体验详细介绍了西藏的风情,为当时国内关于这方面最翔实的记录。刘立千所译藏文典籍《玛巴译师传》《西藏宗教源流简史》是继《西藏政教史鉴》(即《西藏王统记》)后国内汉译藏典方面的最具代表性的力作。彭公侯的《藏三国本事》是国内最先完整介绍《格萨尔王传史诗》的译著之一。"①

　　上述撰稿人发表在《康藏研究月刊》上的论著问世之后，"国内外边疆学者、藏学研究者均予好评，发表的不少研究成果在当时堪称独步学林，被广泛征引，在某种程度上打破了'藏学故乡在中国，藏学研究在国外'的局面。在中国藏学发展史上占有重要的地位。其中的一些文章还曾引发学术争鸣，吸引了国人对康藏的关注，推动

---

　　①　关于以上各位撰稿人的介绍，均见谢敏：《〈康藏研究月刊〉述略》，载任新建、周源主编：《任乃强先生纪念文集：任乃强与康藏研究》，中国藏学出版社 2011 年版，第 227—231 页。在这个群体中，尤其值得注意的是罗哲情措，她是任乃强的妻子。还有王恩洋，也颇具传奇色彩，他与任乃强一样，也是四川南充人，曾经师从欧阳竞无大师，"过去有一种公认：欧阳渐有两大弟子，风格迥异。一是吕澂（字秋逸），思想冷隽，治学精严；一是王恩洋，情深信笃，践履踏实"。详见吴天墀：《王恩洋先生二三事》，载《吴天墀文史存稿：增补本》，北京师范大学出版社 2016 年版，第 562 页。另据王恩洋之孙王荣益的文章："对于祖父的学风，当代学术界有一种看法：认为在欧阳先生两大弟子中，吕澂思想冷隽，治学精严；恩洋情深信笃，践履踏实。韩孟钧在为祖父《五十自述》所作之《序》中认为：吕先生'以智独超于法苑'，而恩洋先生'以悲普浃于宗邦'。由此我们可以认为：吕先生智刃光游、权实深密，具文殊之智；而恩洋先生至性扬发，阐佛胜义，备普贤之行。"详见王荣益：《悲智双运　行笃愿深——怀念祖父王恩洋先生》，《中国宗教》2008 年第 6 期，第 34 页。

了我国藏学研究的发展。与此同时,该刊非常重视藏汉学者的协作和藏文、汉文、外文资料的综合比较研究,倡导藏学服务于国家统一、民族团结和藏区发展"①。正是这样的"倡导",正是对"服务于国家统一、民族团结和藏区发展"的追求,让我们有理由把《康藏研究月刊》的核心作者群,视为经世者康巴学的研究者群体。在某种程度上,我们可以把康藏研究社的同人,以及《康藏研究月刊》的核心作者群,看作经世者康巴学的第一代学者。

五、结　语

如前所述,按照《康藏研究月刊》第一期上的"发刊小启"首句之判断,中国本土学者的康巴学研究,比起外国人的康巴学研究,已经晚了 20 年。这个判断大致不差。因为,外国传教士的康巴学研究,就是在 20 世纪最初的几年里,比较正式地形成的。如果我们把任乃强于

---

①　谢敏:《〈康藏研究月刊〉述略》,载任新建、周源主编:《任乃强先生纪念文集:任乃强与康藏研究》,中国藏学出版社2011 年版,第 234 页。

1929 年"应同学胡子昂之邀赴西康考察……相继撰成《西康各县视察报告》10 本、地图 14 幅,及杂记 50 余万言"①,作为任乃强开始其康巴学研究的标志性的时间刻度,那么,这个时刻确实比传教士的康巴学研究迟了 20 多年。

虽然,相对于传教士的康巴学,由任乃强奠基的经世者的康巴学来得略微晚了一些。但是,经世者的康巴学的兴起,却标志着中国本土学者从现代学术的立场上研究康巴的开始。值得注意的是,中国本土学者开始研究康巴学,最初的推动力并不是纯学术的,不是单纯地因为学术上的好奇,而是因为当时的中国面临着西康建省的现实需要、边疆治理的迫切需要、现代国家建构的根本需要。正是这样的需要,激励了以任乃强为代表的知识分子投入到康巴研究的事业中去。鲁迅在《故乡》的末尾写道:"其实地上本没有路,走的人多了,也便成了路。"②同样,其实世上本没有经世者的康巴学,只是因为,一些具有经世致用理想的知识分子,由于他们的康巴学研究

---

① 任新建、周源主编:《任乃强先生纪念文集:任乃强与康藏研究》,中国藏学出版社 2011 年版,第 380 页。

② 鲁迅:《鲁迅全集》第一卷,人民文学出版社 2005 年版,第 510 页。

较好地满足了那个时代的现实需要，由此便促成了经世者康巴学的形成。

经世者康巴学的主要特点就是经世致用。由于研究者具有经世致用的抱负、担当、理想、志向，更由于研究者在文化、语言等方面的便利条件，经世者的康巴学在兴起之初，就达到了相当高的水平。试把任乃强的《西康图经》《康藏史地大纲》以及大量的考察报告与传教士康巴学的代表作相比较，譬如，与古纯仁的《川滇之藏边》相比较，其间的差距还是比较明显的。就研究成果的深入、细致、系统、全面、绵密、贴切诸方面来看，以任乃强为代表的经世者的康巴学论著，都超过了法国、英国及其他各国传教士在康巴学研究领域内的同类论著。大致可以说，经世者的康巴学在 20 世纪 20 年代末期兴起之后，很快就从根本上扭转了 20 世纪初期一度存在的"康巴是中国人的康巴，康巴学是外国人在研究"这样一种局面。

从 20 世纪 20 年代末期至今，具有经世取向的康巴学研究已经走过了近百年的历史。在当下及未来，经世者的康巴学还会得到更多、更大的发展，因为，报效国家、服务社会、有益人民，尤其是造福于康巴人民，是经世者康巴学永恒的追求。上文关于经世者康巴学的述论，主要针对的其实是第一代经世者康巴学的研究者,他们开创的经世者康巴学之发展与演进,还期待着有心人给予更加全面、更加系统的梳理与总结。

本章内容原载《四川民族学院学报》2020 年第 5 期,修订后收入本书。

第三章 人类学的康巴学

从 20 世纪 40 年代开始,专业的、职业的人类学家走进康巴地区,在康巴学的研究领域,作出了令人瞩目的重要贡献,丰富了康巴学的学术谱系,进一步提升了康巴学的学术品质,进一步提升了康巴学在国内甚至在世界范围内的学术声誉。因此,要理解康巴学的历史,尤其是要理解中国本土的"康巴学史",有一个重要的视角不容回避,那就是人类学的康巴学。人类学家作为专业性、职业化的学术从业者,他们以学术作为志业,他们研究康巴的范式、旨趣与方法,既不同于传教士的康巴学研究,较之于经世致用的康巴学研究,也有一些微妙的差异。当然,我们在此指出其间存在的差异,并不意味着它们彼此之间存在着"楚河汉界",或者像是"邻国相望,鸡犬之声相闻,民至老死,不相往来"①,而是在于强调或凸显它们各自的特色,以及它们因为各具特色而形成的互补性。在康巴学的谱系中,各具特色、多种范式、不同旨趣的康巴学研究,就像多个不同的光源,可以从多个不同的角度,照亮康巴学这样一幢学术理论大厦的多个侧面、多个房间。

人类学作为现代学术体系中的一个学科、一门学问、一种学术,最先是从西方兴起的。人类学在 20 世纪初期传到中国之后,得到了较好的发展。人类学在中国的发展,促成了康巴学的更新,为康巴学的生长和繁荣提供了新的可能性,具体地说,就是促成了人类学的康巴学。从学科归属上看,人类学的康巴学研究,既属于康巴学的知识体系与学术谱系,同时也属于人类学知识体系与学术谱系的一个组成部分。为了有效地呈现人类学的康巴学,有必要首先勾画人类学家走向康巴地区的线索,然后选取代表性的人类学家及其康巴学论著,以考察人类学家为康巴学研究作出的贡献,以展示人类学的康巴学之旨趣。

---

① 汤漳平、王朝华译注:《老子》,中华书局 2014 年版,第 299 页。

一、走向康巴的人类学家

在传统中国的经史子集之学转向现代学术体系的过程中，人类学不仅不是一个迟到的学科，在一定层面上，甚至是一个抢占了先机的学科。

根据乔健的回顾，第一部被介绍到中国来的西方人类学著作是德国人哈伯兰（Michael Haberlande）撰写的《民族学》（Volkerkunde）一书，此书由林纾与魏易从英文译成中文，以《民种学》作为书名，1903 年由"北京大学堂书局"出版。① 此书主要论述德国人的人种概念，同时对北美洲、大洋洲、亚洲、欧洲的民族均有所评述；从时间上看，此书堪为汉语世界中人类学著作的起点。同样是在1903 年，清政府颁布了《大学学制及其学科》，《人种学及人类学》作为一门新课程名列其中，人类学由此正式成为我国大学学科体系中的一门学科。当然，由中国人正式为这门学科编出教科书，还要等到 1918 年，这一年，陈

---

① 严格说来，早在 1903 年之际，还没有"北京大学堂"以及"北京大学堂书局"；那个时候还叫"京师大学堂"，那个出书的机构应当叫"京师大学堂官书局"。

映璜出版了一部《人类学》，这是一部以体质人类学为底色的人类学著作。1926 年，蔡元培发表了一篇影响较大的文章，题为《说民族学》，此文主张，民族学关心文化，人种学关心种族，人类学关心人类的生物性。显然，按照蔡元培在此文中所作的区分，人类学主要是指体质人类学。但是，20 世纪 20 年代末期以后，情况发生了一个根本性的变化：由美国的博厄斯、英国的拉德克利夫—布郎等人所代表的以社会人类学或文化人类学为主的人类学理论迅速传入中国，随后，"全国百十所以上大学教授人类学，人类学这名称因而也逐渐流行起来。但这新传入的人类学大都附属于社会学，如燕京大学和清华大学都是如此"①。

　　按照乔健的这番梳理，从 1903 年开始，中国已有人类学之名，中国的大学课程体系中也出现了人类学这样的课程，相关的译著、论著渐次产生，但是，从 1903 年到 20 世纪 20 年代，在 20 多年的时间里，彼时的中国学术界所理解的人类学，主要还是德国学术界流行的体质人类学。1903 年汉译过来的人类学著作是德国人的著作，

---

　　①　乔健：《中国人类学发展的困境与前景》，《广西民族学院学报》1995 年第 1 期。此外，关于中国人类学的起源，还可以参见陈国强：《中国人类学发展史略》，《广西民族学院学报》1995 年第 1 期。

撰写《说民族学》一文的蔡元培也是从德国留学归来的。① 在英国，按照拉德克利夫·布朗1944年发表的《社会人类学的意义与范围》一文中的一种说法，"'社会人类学'这个名称开始使用，并且成为与民族学相区别的一门学科大约是在60年前"。更明确地说："社会人类学不是今天，而是1890年出现的。"②至于中国的人类

---

① 在中国人类学萌生之际，蔡元培发挥了较大的作用。根据《蔡元培先生学术年表》：1907年6月，年届40岁的蔡元培前往德国，在柏林，习德语，编译书籍，兼任唐绍仪侄子的家庭教师。1908年秋，入莱比锡大学听课和研究。1909年10月，所译德国泡尔生的《伦理学原理》一书由商务印书馆出版。1910年4月，所著《中国伦理学史》一书由商务印书馆出版。1911年10月，获悉国内爆发武昌起义，遂由莱比锡到柏林，与留德学生进行声援活动。12月取道西伯利亚，抵沪。1912年1月，出任中华民国的教育总长。详见蔡元培：《中国伦理学史》（外一种），商务印书馆2010年版，第233页。由此可见，蔡元培留学德国的背景，较大地影响了他的人类学观念。

② ［英］布朗：《社会人类学方法》，夏建中译，华夏出版社2001年版，第91页。这是布朗的一个判断，这个判断基于他对"社会人类学"的特有理解而得出的。他在另一本书中写道："我认为社会人类学是一门有关人类社会的理论性自然科学，它研究社会现象，所用的方法与物理和生理科学所用的方法基本相同。如果有人同意，我更愿意把这个学科称作'比较社会学'。"详见［英］布朗：《原始社会的结构与功能》，潘蛟等译，中央民族

学,在体质人类学的基础上转向文化人类学或社会人类学,主要是从20世纪20年代末期开始的。在这个过程中,如果要为文化人类学或社会人类学在中国的兴起寻找一些具有代表性的学者,那么,这样的代表性学者可以举出吴文藻(1901—1985)与林惠祥(1901—1958),凑巧的是,他们两位还是同龄人,且都曾留学海外学习人类学。林惠祥是1928年学成归国,吴文藻是1929年学成归国。

先看福建晋江人林惠祥。青年时代,"他考入陈嘉庚先生捐资创办的厦门大学,入文科社会学系学习,成为厦大第一届唯一的文科毕业生。毕业后留校任预科教员一年,复辞职赴菲律宾。因人类学是当时的一门新兴科学,他对之很有兴趣,遂入菲律宾大学研究院人类学系,从导师美国拜耶教授(H.Otly Beyer)作人类学的研究工作,从此便与人类学结下了不解之缘"。1928年从菲律宾返国后,林惠祥接受了当时的中央研究院院长蔡元培的邀请,担任中央研究院史语所民族组的研究员。1931

大学出版社1999年版,第212页。对于诸如"社会人类学是什么""社会人类学的边界在哪里""社会人类学何时出现"这类问题的回答,可能会见仁见智,各有各的说法,这是一个需要另行讨论、单独讨论的人类学问题,这里不再展开。

年,林惠祥"转任厦门大学人类学教授"①。

　　林惠祥结缘人类学,虽然是在菲律宾大学,但从其导师的学术背景来看,依然是英美主流的文化人类学。林惠祥的代表作《文化人类学》也可以证明这样的学术渊源。此书开篇就指出:"当代人类学大家克娄伯(A. L. Kroeber)曾在其大著《人类学》(Anthropology)中留下了一个题名,即:'人类学的时代'(Age of Anthropological Science)一语。自然不能说现在是人类学独霸的时代,一切学问都要让它;但却也许可以说人类学这种学问正应现代的需要,所以现在是它兴起的时代了。"②这样的开篇提供了两个方面的信息。其一,它再次证明林惠祥的人类学是英美主流的文化人类学,虽然他的著作的名称已经有所展示,但开篇就提到的克娄伯,不仅是美国主流的人类学家,同时也是下文还将提到的人类学家李安宅的导师。其二,林惠祥对人类学作为一门学问的价值与意义,深信不疑。

　　关于人类学的问题意识,林惠祥写道:"东方的与西

---

　　①　陈国强:《上下而求索——林惠祥教授及其人类学研究》,《读书》1983 年第 4 期。

　　②　林惠祥:《文化人类学》,商务印书馆 2000 年版,第 1 页。

方的不同,野蛮的与文明的更有异。对于这种现象自然生出二类部问题,便是:(1)这些种族究竟要怎样解释?他们同是'人',为什么有不同的形状?'人'究竟是什么东西?'人'的起源是怎样的?(2)各民族的文化为什么不同?是否由于心理原素——知、情、意——根本上有差异?野蛮民族的奇怪风俗与简陋的生活如何解释?文化有高下的差异,是否文化有变动——进化?退化?文化若是进化的,文明人的祖先是否也是野蛮人?文明人的祖先的状况究竟是怎样的?这些问题很能影响于实际的种族关系以及现代文化的进退,因此很被近代的人所注意而欲求其解答,于是人类学的研究遂应运而生了。19世纪以来的大学者如达尔文(Darwin)、斯宾塞(Spencer)、赫胥黎(T. H. Huxley)、拉策尔(Ratzel)、普理查德(Prichard)、泰勒(E. B. Tylor)、博厄斯(F. boas)等都尽力于此,各提出重要的学说,于是人类学遂确实成为一种科学。"①这段话表明,林惠祥自己的人类学,处于以上这些人类学家的延长线上,打个比方,也可以说是挂在这些人类学家作为车头的列车上。显而易见,林惠祥具有传承这些人类学家及其学术理论的意识与愿望。林惠祥试图

---

①　林惠祥:《文化人类学》,商务印书馆 2000 年版,第 1 页。

通过人类学的研究,从不同"形状"的人出发,探寻人的起源与本质,其核心其实是文化,这就是他的《文化人类学》一书的基本旨趣。

以上情况提示我们,林惠祥在厦门大学、菲律宾大学完成学业后,早在 1928 年,就把英美传统的人类学带回了中国,带到了当时的中央研究院,后来又长期在厦门大学担任人类学教授。数十年间,他从事人类学考察的地方,几乎都在中国的南方地区(主要是台湾、福建),以及南洋各地。由于这些方面的原因,或许可以把林惠祥作为中国人类学"南派"的代表性学者之一,与"南派"人类学相对应的,则是中国人类学的"北派",其代表性学者是吴文藻。①

----

① 有学者指出:"早期中国人类学的发展,其鲜明特点就是理论方法上的不同特色——形成了南派与北派之分。相较而言,以林惠祥和中央研究院为主要代表的南派主要受到美国历史学派的影响,着重历史文化研究,意图构建中华民族文化史,也被称作'中国的历史学派';而以吴文藻和燕京大学为主要代表的北派则受到英国功能学派的影响,注重理论研究和解决中国的现实问题。虽说侧重点不同,但在当时,南北派人类学家都致力于寻找人类学中国化的道路,力求形成具有中国特色的人类学,而这也是今日我们所追求的重要发展方向之一。"详见张继焦、吴玥:《中国人类学发展 70 年》,《西北民族研究》2019 年

　　且看吴文藻。根据他自己撰写的《吴文藻自传》，吴文藻是江苏省江阴县人（今江阴市），16 岁考上清华学堂，1923 年从清华毕业后，到美国新罕布什尔州的达特默思学院社会学系留学，1925 年毕业，随即就读哥伦比亚大学研究院社会学系，开始接触人类学，先是听了人类学系主任博厄斯（F.Boas）的"人类学"——有时由他的弟子本尼迪克特（R.Benedict）代为授课，后来又在纽约社会研究新校上夜课，听过人类学家戈登卫然（A. Goldenweiser）讲"早期文明"（相当于摩尔根的"古代社会"），出书时改名为《人类学：原始文化导论》，并和戈氏结识。此外，他还经常到美国自然历史博物馆人类学组实习参观，并参加了他们组织的临时讨论班。所有这些经历，都使吴文藻进一步了解了人类及其文化的起源和发展，也使他意识到人类学与社会学之间的密切关系，以及把这两门学科结合起来进行研究的必要性。1928 年冬，在专业必修课笔试及格之后，吴文藻的博士论文也获得通过，获得博士学位。1929 年 2 月，吴文藻回到北京，

第 4 期。按照这个说法，可以认为，林惠祥是"南派"的代表，吴文藻是"北派"的代表。当然，无论是南派还是北派，都不止一个代表性学者，都还可以找到更多的代表性学者。

任教于燕京大学。① 吴文藻走向人类学的这个经历表明,美国传统的社会人类学或文化人类学,不仅通过"拜耶—林惠祥"传到了中国,还通过"博厄斯—吴文藻"传到了中国。

按照《吴文藻自传》,他在燕京大学任教期间,通过"请进来"和"派出去"两种方式,推动了英美主流的文化人类学与社会人类学在中国的生根发芽。关于"请进来",吴文藻于 1935 年 10 月,邀请英国人类学功能学派创始人之一的拉德克利夫—布朗(Alfred Radcliffe - Brown)到燕京大学讲学三个月,开设了"比较社会学"和"社会学研究班"的短期课程,并指导了林耀华的硕士论文"义序宗族研究"。1936 至 1937 年,吴文藻利用在欧美游学期间,邀请耶鲁大学语言学家萨皮尔(E.Sapir)等人来燕京大学讲学并指导研究生,只因卢沟桥事变的发生而未能实现。1937 年春,吴文藻在英国期间,与牛津大学副校长林叟(A.D.Lindsoy)联系,林叟派了他的儿子林迈可(M.Lindsay)和戴德华(George Taylor)来燕京大学讲课、指导学生。这些都属于吴文藻的"请进来"。

关于"派出去",吴文藻提到的第一个"派出去"的学

---

① 吴文藻:《吴文藻自传》,《晋阳学刊》1982 年第 6 期。

者是李安宅。李安宅先是到美国加利福尼亚大学伯克莱分校人类学系(博厄斯学派的一个重要据点),跟随博厄斯的两位大弟子克娄伯(A.L.Kroeber)和罗维(Robert.H.Lowie)学习。在此期间,李安宅曾到新墨西哥的祖尼族人(Zuni)中从事人类学研究。通过实地调查,李安宅不仅熟悉了祖尼人的文化,不仅通过对比更加理解了本国和本民族的文化,而且还吸收了历史学派的长处,掌握了人类学的实地调查技术。后来,李安宅又到耶鲁大学人类学系,跟随人类学家萨皮尔学习语言学的基本知识,回国后在人类学的教学和科学研究中取得了突出的成就。

吴文藻提到的第二个"派出去"的学者是林耀华。那是1936年,吴文藻去美国出席哈佛大学成立三百周年校庆大会时,与哈佛燕京学社负责人商定,派林耀华去哈佛大学攻读人类学专业的博士学位。哈佛是美国最早设立人类系的大学之一,历史悠久,设备俱全,并在校内设有民族学博物馆。在系内,人类学的四大分支即体质人类学、文化人类学、考古学、语言学课程都有,能够提供比较全面和扎实的基本训练。林耀华学成归国后,深入四川凉山等地调查,取得了在国内外人类学界有相当影响的成绩。

吴文藻提到的第三个"派出去"的学者是费孝通。

费孝通考上英国伦敦经济学院人类学专业后，吴文藻乘
1936 年休假去英国之便，给他介绍了英国人类学功能学
派创始人马林诺夫斯基（Bronislaw Malinowski）做导师。
费孝通将他的"江村经济"资料，用功能分析法写成了
《中国农民生活》一书，在国内外学术界都有很高的评
价。马氏还为此书写了长篇"前言"，认为"此书将被认
为人类学实地工作和理论的发展的一个里程碑"。此
外，"当时送出留学的还有黄迪、瞿同祖等同学，成绩优
异，都有自己的贡献"。①

　　通过这篇《吴文藻自传》，可以看到，吴文藻在燕京
大学，曾经以各种方式，推动了英美的文化人类学与社会
人类学在中国的发展。正如他自己所说："我一生从事
的人类学（特别是其中的民族学，即文化人类学或社会
人类学）和社会学这两门专业所涉及的知识面都相当广
博，正因为我受过通才教育，才能比较地胜任这种研究工
作。"②按照这个说法，吴文藻理解的人类学，主要就是文

――――――――

①　　这些关于"请进来，派出去"的基本情况，都是根据吴文
藻的原文整理而成，相关的事实及评价，都出自吴文藻。至于吴
文藻的原文，详见吴文藻：《吴文藻自传》，《晋阳学刊》1982 年第
6 期。

②　　吴文藻：《吴文藻自传》，《晋阳学刊》1982 年第 6 期。

化人类学与社会人类学。

虽然林惠祥与吴文藻都秉承英美的人类学旨趣，他们两人都推动了英美主流的人类学进入中国。但是，要说与康巴学研究的关系而言，吴文藻在燕京大学建设的人类学学科与人类学团队，直接参与了康巴学的研究。一方面，吴文藻"参与发起和领导'边政学会'和主持《边政公论》的编辑和发行工作，并写了著名的《边政学发凡》一文（载《边政公论》1942年第1卷第5、6合期）；推荐陈永龄、李镇去新疆教书和搞研究；推荐李有义到拉萨研究西藏的政教合一制度问题；去印度考察民族和宗教冲突问题；去新疆考察西北民族问题；利用去美国参加太平洋学会年会的机会了解美国社会学、人类学和心理学发展的状况等"①。这就是说，吴文藻及其团队对"边政学"研究，发挥了重要的推动作用，这同时也是对康巴学研究的推动，因为康巴学研究就属于当时的"边政研究"的一个组成部分。另一方面，也是更主要的，是他培养的人类学家——以李安宅与林耀华为代表——直接开展了康巴学的研究。

---

① 林耀华、陈永龄、王庆仁：《吴文藻传略》，《民族研究》1987年第4期。

根据上文所述,我们可以看到人类学家走向康巴学研究的基本轨迹:从菲律宾归来的林惠祥、从美国归来的吴文藻分别在 1928 年、1929 年带回了英美传统的人类学;吴文藻在燕京大学培养的人类学家,在抗日战争的背景下来到成都,这些人类学家从成都出发,进入康巴地区进行人类学考察,从事康巴学研究,进而培植了人类学的康巴学。

前文已经提到,在吴文藻"派出去"的学者群体中,他首先提到的是李安宅,然后就是林耀华。因此,下文就按照这样的顺序,分别叙述这两位人类学家的康巴学研究。

二、李安宅的康巴学研究

李安宅(1900—1985)是颇有影响的人类学家,也是对康巴学研究作出了贡献的人类学家。一个新近的评论是,"二十世纪前半叶,李安宅是享有世界声誉的社会学家、人类学家、民族学家"[1]。透过李安宅的康巴学研究,

---

[1] 岳永逸:《语言的"通胀与意义——纪念李安宅》,《读书》2020 年第 5 期。

可以体会人类学的康巴学之旨趣。

　　根据格勒撰写的"李安宅先生学术年表"，李安宅是河北迁安人，1923 年在济南的齐鲁大学学习，主修社会学与比较宗教学。1924 年转入北平的燕京大学社会学系研究班，1929 年毕业留任燕京大学社会学系助教、讲师。1934 年，在吴文藻的安排下，李安宅接受罗氏基金会奖学金，赴美国加利福尼亚大学、耶鲁大学人类学系留学，在此期间写成了《印第安祖尼的母系社会》一文。①

　　① 　根据王川的《〈李安宅自传〉的整理与研究》一书，这篇文章就是李安宅以英文撰写的论文《祖尼：我的一些考察》，载《美国人类学家》第 39 卷，第 62 — 76 页，1937 年（Le An Che，"Zuni：Some Observations and Queries"，in American Anthropologist，1937，Vol.39，pp.62-76）。此文是 1935 年李安宅在北美印第安人部落祖尼人（the Zuni）保留地（美国新墨西哥州西部）作了三个月的参与观察的调查结果。论文发表后，在美国人类学界引起反响。英国人类学家拉德克里夫—布朗称赞这篇文章，"You gave the American Anthropologist everyone a chair"（你让每个美国人类学家找到了各自的位置），给予了高度评价。乔健指出："据我所知，李安宅先生是第一位进入印第安人部落作民族志调查的中国人类学家"。根据调查结果研究后撰写的这篇文章，"是迄今为止中国人类学家所撰写的在西方流行最广的一篇论文，20 年前几乎是所有人类学学生必读的论文，早已成为经典"（乔健：《印第安人的诵歌：中国人类学家对拿瓦侯、祖尼、玛雅等北美原住民族的研究》之"序"，广西师范大学出版社 2004 年版）。

随后,又翻译了英国人类学家马林诺夫斯基的《巫术科学宗教与神话》《两性社会学》等著作,并撰写了《美学》《意义学》等作品。1937 年回国,任燕京大学社会学系讲师、副教授。1938 年接受陶孟和、顾颉刚的建议,深入甘南拉卜楞寺从事社会人类学的实地调查工作。1941 年受聘华西协和大学社会学系教授并兼任系主任。1944 年与张逢吉、任乃强等人到西康省南北两路进行藏族社会调查,为时半年,在此基础上写成了《喇嘛教萨迦派》《西康德格之历史与人口》等论著。1947 年应美国耶鲁大学的邀请,任该校研究院人类学系客座教授。1948 年赴英国考察和讲学。1949 年回国后参加中国人民解放军,随军进藏,到昌都后创办了昌都小学。后来在成都的西南民族学院、四川师范学院工作。②

近期的汉译本,参见李安宅原著:《祖尼人:一些观察与质疑》,张叔宁译,载乔健:《印第安人的诵歌:中国人类学家对拿瓦侯、祖尼、玛雅等北美原住民族的研究》。关于李安宅的这篇英文论文的相关情况,均出自王川:《〈李安宅自传〉的整理与研究》,中国藏学出版社 2018 年版,第 35—37 页。

　　②　格勒:《李安宅先生学术年表》,载李安宅:《藏族宗教史之实地研究》,商务印书馆 2015 年版,第 269—271 页。关于李安宅在华西协和大学工作的情况,王川著作中附录的一份"李安宅人生大事记"称:"1941—1947 年(41 岁到 47 岁)",李安宅

　　1950 年以后的情况暂且不论,因为那是一个全新的时代。而且,"他 20 世纪 50 年代以后再没有发表过任何人类学言论和著述"①。因此,这里只说 1950 年之前的李安宅,刚好也是 50 岁之前的李安宅,这个阶段的李安宅,可以说是一个标准的人类学家。他先后就读的齐鲁大学、燕京大学都是教会办的大学。他任教的燕京大学、华西协和大学也都是教会办的大学。他是加州大学、耶鲁大学人类学系的留学生,也是耶鲁大学人类学系的客座教授,有在英国讲学的经历。他翻译过马林诺夫斯基的人类学名著。他在中国的甘南地区、康巴地区进行了较长时间的实地考察。这样的人生经历与学术履历,对于一个人类学家来说,堪称完美。陈波认为,"李安宅的价值不是由他自身决定的,而是由现代中国人类学思想史的空缺决定的"②。这是一个很高的评价,同时也是对

"任华西协和大学社会学系主任。其间,1942 年,华大边疆研究所成立,校长张凌高兼任所长,李安宅担任副所长,实际主持了该所的研究工作"。详见王川:《〈李安宅自传〉的整理与研究》,中国藏学出版社 2018 年版,第 113 页。

　　①　陈波:《李安宅与华西学派人类学》,巴蜀书社 2010 年版,"前言"第 4 页。

　　②　陈波:《李安宅与华西学派人类学》,巴蜀书社 2010 年版,第 54 页。

李安宅作为一个专业人类学家这一身份的确认,这样的身份表明,李安宅的康巴学研究,是一个典型的、专业的人类学家的康巴学研究。

更加重要的是,从事专业的、专职的人类学研究,也符合李安宅的自我期许、自我定位。对于这样一个判断,我们可以找到一些细节来支撑。在李安宅1961年写成的交给上级党政组织的《自传》中,从一个特定的角度,多次谈到自己的"专业"。他说:"1934—1936年是留学美国研究资产阶级民族学的时期。留学的渊源有如下述:同费孝通教授进修哲学的时候,曾与英国客座教授吕嘉慈(I.A.Richard)合作……他曾来一长信,劝以'爱国之道多端,学术贡献亦为其一'。1934年上半年原在济南青年会的侯感恩,由上海来北京开会见访,看到那封信,认为那是对我学术造诣评价的信,劝我找机会留美搞专业。"[①]稍后,"1936—1938年是回国在燕大任教阶段。留美回来,专业包袱背上了,与革命形势的矛盾更厉害了,'爱国之道多端'的借口也更占了上风"[②]。因而,在

---

① 王川:《〈李安宅自传〉的整理与研究》,中国藏学出版社2018年版,第30—31页。

② 王川:《〈李安宅自传〉的整理与研究》,中国藏学出版社2018年版,第35页。

后来的专业研究的过程中,"加强了'救国之道多端'的自我辩护的理由,把职业革命家推为天才政治家的事,自己没有政治天才,只好专做所谓学术工作"。尤其是,"由于拉卜楞的'实地研究'把'学术'包袱背得越来越重,反倒说什么可以因此为党立功,并把式玉要求到延安说成是逃难,这就不但误了自己的改造,更拖住了她参加革命的后腿,而且这种政治归党、学术归我的想法,影响到解放后我与党的关系"①。

在研读这份《自传》之际,我们必须注意,这是在1961 年的政治背景、时代背景下所写的材料。透过这些文字,我们可以想象,50 岁之前的李安宅完全是以专业的人类学作为自己的立身之本。这样的专业追求,既是李安宅在拉卜楞地区开展"实地研究"的动力,同时也是他去康巴地区进行"实地研究"的动力。因此,根据他的《自传》,在华西协和大学社会学系工作期间,他会充分"利用伪教育部、太平洋学会(陈达主持)、刘文辉等捐款,到西康南北两路考察喇嘛教派历史半年(1944 年下半年)","这一阶段,发表过《边疆社会工作》和《知识社

---

① 王川:《〈李安宅自传〉的整理与研究》,中国藏学出版社2018 年版,第 74—75 页。

会学》（译），均由中华书局出版；以及《喇嘛教育制度》（《大学月刊》）、《萨迦派喇嘛教》《西康德格之历史与人口》（均见《边政公论》等）"①。

在以上几种作品中，《西康德格之历史与人口》是李安宅康巴学研究的代表性论著之一。② 这是一篇长文，主要论述金沙江流域德格县的历史与人口。从内容来看，论文首先交代"德格"一词的由来及其含义的变化，进而提出："德格所以著名，一在土司之历史，二在萨迦

① 王川：《〈李安宅自传〉的整理与研究》，中国藏学出版社2018年版，第55页。

② 关于这篇论文的发表情况，根据王川的研究，还可补充如下："《西康德格之历史与人口（附图表）》，《边政公论》第5卷第2期，第17—46页，1946年12月。是文此外还有两个版本。其一，为《西康户政通讯》连载的中文版。分见《德格之历史与人口（续一）》，《西康户政通讯》第1卷第3期，第14—20页，1947年；《德格之历史与人口（续二）》，《西康户政通讯》第1卷第4期，第5—11页，1947年；《德格之历史与人口（续三，续图表）》，《西康户政通讯》第1卷第5期，第7—11页，1947年；《德格之历史与人口（续完）》，《西康户政通讯》第1卷第6期，第10—14页，1947年。其二，摘要的英文版，Li Anche, Derge: A Study of Tibetan Population, *Southwestern Journal of Anthropology*, pp. 279 - 293。即李安宅：《德格之历史与人口》，载英文《西南人类学报》，第279—293页，1947年。"详见王川：《〈李安宅自传〉的整理与研究》，中国藏学出版社2018年版，第135—136页。

派及其他名刹之地位。寺院与土司互为因果关系,而促成其传统力量。现在德格县治,即在更庆寺;历来的德格土司所在地,亦为更庆寺。"①

正如论文的标题所示,《西康德格之历史与人口》的正文包括两个部分。第一部分讲"德格简史",分成三个方面叙述德格的历史。

其一是"土司与寺院"。文章以德格土司的变迁作为线索,从唐代开始,一直叙述到 20 世纪的第 51 代土司策旺登登(1915—1942),是为末代德格土司,"民国二十一年(1932)川康军逐藏军于金沙江西,收回德、邓、白、石四县,川康边防总指挥部不便承认其土司名义,乃委为土兵营长,兼邓、德、白、石、同五县团练督察长"②。

其二是"地方经济"。这个方面的叙述从 1910 年开始,内容非常详尽,可以说是细致入微,尽显人类学家格尔茨(1926—2006)所概括的"深度描绘"之方法:"典型

---

① 李安宅:《西康德格之历史与人口》,载李安宅、于式玉:《李安宅、于式玉藏学文论选》,中国藏学出版社 2002 年版,第153 页。

② 李安宅:《西康德格之历史与人口》,载李安宅、于式玉:《李安宅、于式玉藏学文论选》,中国藏学出版社 2002 年版,第159 页。

的人类学家的方法是从以极其扩展的方式摸透极端细小的事情这样一种角度出发,最后达到那种更为广泛的解释和更为抽象的分析。"①格尔茨是在 1973 年初版的《文化的解释》一书中,比较全面地阐述了他的"深度描绘"理论,然而,早在 20 世纪 40 年代,李安宅已经在实践这样的人类学方法。以 1942 年的德格经济为例,李安宅以列表的方式,在文章中载明了每一个村的田赋征粮的具体石数,有的甚至精确到小数点后三位。至于畜税征收,则以当时的法币计算。有关政府的各项收入与各项支出,无不详细列举。

其三是"政府机关"。按照李安宅的划分,政府机关中的第一类是政治机关,政治机关首推县政府。李安宅当时所见的县署有大小职员共 61 人。政治机关还包括:一个"坐办公署",一个"蒙藏委员会派驻喀木调查组",一个县党部——至 1944 年,共有党员 72 名,书记长以下职名 2 人。政府机关的第二类是交通机关,主要是指邮政局与无线电局。政府机关的第三类是学校教育,主要是指各类公立学校。

---

① [美]格尔茨:《文化的解释》,韩莉译,译林出版社 1999年版,第 27 页。

在"德格简史"之后,文章的第二部分叙述"德格人口"。当时的德格人口共计 11172 人,文章分成六个方面加以叙述。其一是各类人口之比例。其中,农牧两区普通人口占 75.11%,男女喇嘛占 23.06%,临时户即大部分为汉人淘金工人占 1.06%,公教人员大部分为汉人占0.77%。其二是寺院在各区之分布。其三是寺院人口年龄组之分配。其四是普通人口年龄组之分配。其五是人口类型。其六是家庭结构。这六个方面,都有大量的数字与表格作为支撑。

《西康德格之历史与人口》一文是李安宅 1944 年在康巴地区调查研究的成果。这次调查研究还形成了另一项成果,那就是前文提到的《喇嘛教萨迦派》一文,正如李安宅在此文的开篇所言:"这篇文章则是在西康作了为期六个月的实地调查的部分成果。"[1]此文先述喇嘛教萨迦派的历史,然后分述了他们的寺院生活的六个方面:

---

① 李安宅:《喇嘛教萨迦派》,载李安宅、于式玉:《李安宅、于式玉藏学文论选》,中国藏学出版社 2002 年版,第 201 页。值得补充说明的是,此文原载《边政公论》1945 年第 4 卷第 7 — 8 期合刊,第 1—8 页。此文还有一个英文版,刊于英文版《华西边疆研究杂志》,又为哈佛大学《亚洲研究学刊》摘录。详见王川:《〈李安宅自传〉的整理与研究》,中国藏学出版社 2018 年版,第134 页。

其一是五个阶段的学习;其二是五个等级的学位;其三是使自己的心身发展的五种修习法;其四是有关信仰的十条规则;其五是七种日常规则;其六是德格更庆寺每年的节日。见于文章中的这六个方面的内容,后来汇入了李安宅的代表作《藏族宗教史之实地研究》,此书第五章题为"萨迦派——半革新的佛教",主要包括六小节,分别是"五学程""五学位""五仪式""十教规""日常程序""一年聚会"。① 这些内容,就是《喇嘛教萨迦派》一文中所叙述的内容。这就是说,关于西康喇嘛教萨迦派的实地研究成果,构成了李安宅《藏族宗教史之实地研究》一书的一个重要组成部分。换言之,李安宅的《藏族宗教史之实地研究》一书,实为他的甘南地区考察与康巴地区考察结合起来的成果,因此,书中的部分内容也属于康巴学研究的成果。

以上两篇文献,大致可以代表李安宅的康巴学研究。根据李安宅的这些康巴学论著,可以看到李安宅的康巴学研究的一些特征。当然,这些特征也是李安宅的人类学研究的一般特征,他的康巴学研究主要是

---

① 李安宅:《藏族宗教史之实地研究》,商务印书馆 2015 年版,第 70—87 页。

体现了这些特征。

　　首先,是独立自由的学术精神。正如陈波所说,"从人类学的视角看,他的思想脉络中有一个连贯的东西,我把它称为'李安宅性'(Li An-cheness)。这种属性是对真知的探索、对自由思考的向往和追求、独立的思考意志、对他者的诉求,是这种属性贯穿在他的学术生命的始终。是他的人类学研究提升了他的这种属性,并成为这种属性的最高表现"①。进一步看,"这种属性承载着古今仁圣所同殉之精义,处在一个传统之流中。这种属性又侵淫在他学术生涯的每个角落,闪耀着一种光芒,使我们不必太费神就能把它从蝇营狗苟的嘈杂时代里辨识出来,把它从虚伪的真知、冒充的真知和真正的真知中区别出来。你可以自由地探索,自由地请教他任何问题,而不必担心问错了问题,也不用担心因为没有说'请教教授'而冒犯威严。你也可以自由地辩论,他不会因为你的申诉而雷霆大发,斥你不尊重权威和异端"②。这种独立自由的探索精神,这种独立自主地寻求真知的精神,既是一

---

　　①　陈波:《李安宅与华西学派人类学》,巴蜀书社 2010 年版,"前言"第 6 页。
　　②　陈波:《李安宅与华西学派人类学》,巴蜀书社 2010 年版,"前言"第 7 页。

种传统,同时也是李安宅展开康巴学研究的精神与风格。

其次,是相对纯粹的学术取向。如前所述,李安宅的几篇康巴学论著,是他在康巴地区进行人类学考察的结果。"其考察所得,后来撰成文章,有的成为他的《藏族宗教史之实地研究》书中的重要内容。关于此部著作,一般认为是李安宅在拉卜楞寺田野考察约三年的成果,实际上拉卜楞寺时期的调查只是书中的第三四两编,书中的其他部分尤其是涉及格鲁派以外的教派,则来自此次考察。考察中,李氏留德格43天,搜集德格藏族人口数字,后来用汉文发表《西康德格之历史与人口》,删节后又用英文发表,这篇文章在国外有一定的影响。""这次西康考察后,李安宅对'藏族主要宗教派系、它们的制度,与居民的关系等,找到相当系统的概括'。李安宅的这句话让我们看到两点:一是他的象征人类学脉络的延伸,是和《〈仪礼〉与〈礼记〉之社会学的研究》中讨论汉文明中'诗的态度'的那种关注是一致的,为的是要找到贯穿整个文明的内在机制,不过侧重略有不同,'诗的态度'为个体心理上的,对藏文明的机制则为社会制度上的;二是他的《藏族宗教史之实地研究》可以分成两部分,关于格鲁派的和关于非格鲁派的,总起来看算是藏文明的整体,对藏文明整体的探讨就这样转换为地理空间的划分和李安宅个人生命史的两阶段。"①这些分析表明,李安宅的康巴学研究,具有相当浓厚的人类学专业色彩与专业追求。他关于康巴地区的考察与研究,并不追求直接满足或直接回应当时的国民政府或地方政府的现实需要、迫切需要。相反,对藏文明整体的探索,才是李安宅从事康巴学研究的根本立足点和最终归属。甚至他在 1950 年的参军入藏,都可以从这个角度加以解释——正如有学者所指出的,"我们要指出他之投笔从戎的两个重要理由:一、从拉卜楞时期开始的对他者的探寻欲望,驱使他推进对藏文明的认识;二、提供异文化知识和对异文化的理解以规训军队。从第一点说,李安宅决定进藏的想法,据目前的材料来看,早在 1946 年就产生,并有先期的计划与筹措"。只是,"因交通阻隔,作罢"②。通过参军入藏,恰好可以实现这个萌生了多年的学术夙愿:对藏文明整体的认知。

再次,是实地的调查研究。正如李安宅自己所说:"不管差别如何,以人类学的观点来研究西藏宗教总是

---

① 陈波:《李安宅与华西学派人类学》,巴蜀书社 2010 年版,第 114—115 页。

② 陈波:《李安宅与华西学派人类学》,巴蜀书社 2010 年版,第 257 页。

重要的,因为这种研究贯穿了西藏及蒙古文化区域内生活的人民的所有方面。西藏文化区域的三个主要区域是西藏、西康(Khams)和安多(Amdo 即甘肃、青海及四川西北的边界地域)。笔者曾于 1938—1941 年在安多住了三年,后来又在 1944 年的秋天在西康呆过六个月。"①李安宅认为,对于人类学来说,"自然、人、文化三者为实地研究的基本对象,也就是所有的对象"。他还认为,"中国过去的习惯,多偏重在文字,所谓'秀才不出门,便知天下事'。'满腹经纶',反每易闭门造车,即纸上谈兵是。'巧妇难为无米炊',没有客观界的材料,势不能产生利用厚生的学术,当属明显的事。所谓'到自然界(客观界)去',是世界文艺复兴的基本发动点与指南针",因此,"藉着这样的研究,彻悟了客观界的规律,就是学理或纯粹科学;再利用这些规律还诸客观界,使它变得有利于人生的要求,就是改造,就是事功,或者叫做'实用科学'"②。"人类学所关心的功能,在中国这样处处需要

---

① 李安宅:《噶举派——喇嘛教的白教》,载李安宅、于式玉:《李安宅、于式玉藏学文论选》,中国藏学出版社 2002 年版,第 234 页。

② 李安宅:《〈仪礼〉与〈礼记〉之社会学的研究》,上海人民出版社 2005 年版,第 155 页。

重新估价的时候,正是要问功能所在,而用不着徒事中外新旧等空名之争辩。国内文坛上好像对于中国本位文化闹得很起劲。但欲这等问题不涉空虚,不钻牛角,似乎唯一的标准便在文化底功能。"①李安宅在此所说的"文化底功能",实为人类学功能学派的核心范畴。要实现这样的目标,必须借助于对"客观界"的实地调查。

最后,是对经济落后地区的关注。这样的学术旨趣与英美人类学的取向具有很大的关联性。在为一部译著所写的"译者序"中,李安宅阐述了他对人类学的理解,他说:"国内深山远境未甚通化的初民正合乎人类学底对象,要用人类学的实地研究,不必说了;即国内一切经济落后的农村社会与垦殖过程中的边疆社会,也都不是一般抄袭了近代城市文明的社会学所可容易下手。我们不希望对于自己底社会基础——农村——有科学的认识则已,不希望对于边疆社会加以开发与巩固则已,如其希望,则必要脚踏实地的细大不遗的社会学,这等不以近代城市文明为背景的社会学,不以西洋工业化的

---

①　[英]马林诺夫斯基:《巫术科学宗教与神话》,李安宅译,中国民间文艺出版社 1986 年版,"译者序"第 4 页。

大量生产的农村为背景的社会学,便是译者心目中的人类学。"①换言之,"人类学是研究原始社会的科学,而原始社会便是经济落后的社会,并没有旁的意思。所以用人类学来研究一切经济落后的社会,是再对不过的"②。20世纪40年代的康巴地区,在当时的世人及李安宅的眼里,正是经济落后的边疆社会。对康巴地区进行实地调查,恰好符合李安宅所理解的人类学。从这个角度来看,他对康巴地区的研究,乃是典型的人类学的康巴学研究。

三、林耀华的康巴学研究

人类学的康巴学,代表了康巴学研究的一种范式,是一个群体性的事业,既见于李安宅的康巴学研究,也见于林耀华的康巴学研究。

林耀华(1910—2000),福建省古田县人。根据林

---

① [英]马林诺夫斯基:《巫术科学宗教与神话》,李安宅译,中国民间文艺出版社1986年版,"译者序"第2页。

② [英]马林诺夫斯基:《巫术科学宗教与神话》,李安宅译,中国民间文艺出版社1986年版,"译者序"第3页。

宗锦、潘守永编写的"林耀华学术行年简谱与主要著作目录",林耀华的学术经历大致是:1928年从福州英华中学毕业后,进入燕京大学社会学系,1932年毕业,毕业论文是《严复研究》,同年开始在燕京大学研究院学习。1935年获得燕京大学研究院硕士学位,同年留在燕京大学社会学系任教,其间给来华的拉德克利夫—布朗当助教。1936年经吴文藻推荐,获得哈佛燕京学社奖学金,赴哈佛大学攻读人类学博士学位。1940年获得哈佛大学博士学位,博士论文是"*Miao-Man Peoples of Kweichow*"(即《贵州苗民》,发表于 *Harvard Journal of Asiatic Studies*,1940,Vol.3,No.5),同年在哈佛大学担任助教,同时撰写《金翼》一书。1941年回国,担任云南大学社会学教授。1942年受母校邀请到成都燕京大学社会学系担任教授兼主任。从1943年7月2日开始,林耀华进入川、康、滇三省交界的大小凉山彝族地区进行实地调查,前后共达87天,行程3000多里,奠定了凉山研究的根基。1944年,林耀华与陈永龄进入康巴地区进行人类学调查,写成《康北藏区考察记》,分五期连续刊登在成都的《中央时报》上,时间是从1944年9月至1945年1月。1945年写成《康北藏民的社会状况》,连续发表于《流星》月刊第1卷第1—5期,并完成了

《四土嘉戎》一书。① 1947 年,《川康北界的嘉戎土司》一文发表于《边政公论》第 6 卷第 2 期;1948 年,《川康嘉戎的家族与婚姻》一文发表于《燕京社会科学》第 1 期。1952 年担任中央民族学院教授;1953 年参加国家组织的民族识别工作;1983 年在中央民族学院创办了民族学系。②

试比较林耀华与李安宅,可以发现他们之间有诸多的共同点:第一,从学习经历来看,他们都曾在燕京大学社会学系就读,都曾是吴文藻的学生。第二,都曾到美国的著名大学的人类学系留学,且都跟拉德克利夫—布朗

① 有学者指出:"由于时局骤变,新中国成立前夕《四土嘉戎》书稿交付上海商务印书馆出版时失踪,我们只能从连载于 1945 年《流星》月刊的'康北藏民的社会状况'一文及'川康嘉戎的家族与婚姻'等文章间接了解该书的学术风貌,这是非常可惜的。"详见郑杭生:《林耀华对当代中国人类学所作贡献再认识》,《广西民族大学学报》2010 年第 2 期。此处的"嘉戎",在其他一些文献中,通常被写为"嘉绒"。按照林耀华的叙述,"嘉戎"属于"戎族",这可能是林耀华写成"嘉戎"的理由。但是,根据后来的民族识别,"嘉戎"或"嘉绒"属于藏族的一支。在这里,我们尊重林耀华的原文,继续用"嘉戎"二字;在其他地方,则称为"嘉绒"。

② 林宗锦、潘守永:《林耀华学术行年简谱与主要著作目录》,《广西民族大学学报》2010 年第 2 期。

有一定的交往。第三,都在美国的杂志上发表过自己的
人类学论著,且都引起了学术界的反响。第四,回国之
后,都曾担任过燕京大学社会学系的教学工作。第五,20
世纪50年代,他们先后都到民族学院任教,李安宅去的
是西南民族学院,林耀华去的是中央民族学院。第六,对
于康巴学来说,他们作为专业的人类学家,都曾在20世
纪40年代中期去康巴地区进行过深入的人类学考察,都
对康巴学研究作出了贡献,虽然他们都没有出版过康巴
学方面的专书,但是,在他们的人类学研究中,康巴学研
究毕竟都占据了比较重要的地位。

　　当然,他们之间也有一些形式上的差异。第一,林耀
华比李安宅年轻10岁。正是考虑到这个缘故,我们在考
察李安宅的康巴学研究之后,再述林耀华的康巴学研究。
第二,林耀华有一部已经遗失了《四土嘉戎》,表明他曾
经完成了一部康巴学的专书。这部专书在形式上虽然已
经不复存在,但已经发表出来的几篇文章,大体上可以让
我们看到他在康巴学研究方面的旨趣。

　　先看《康北藏民的社会状况》①,此文写成于1945年

---

　　①　林耀华:《康北藏民的社会状况》,载林耀华:《从书斋到
田野》,中央民族大学出版社2000年版,第433—463页。

3月24日。此文开篇即称："1944年夏间，作者乘暑假机会前赴西康北部欲藉以考察藏民生活及社会状况。从成都出发往返行程三千余里，前后费时两个半月。所谓康北藏民即系康属的人民。亦有人称为康民者。康民、藏民实是同一民族，名词不同乃按地域上的区别，而不是民族上有所分野。"在辨析了民族、种族这两个概念的差异之后。文章分成四个部分，论述"康北藏民的社会状况"。一是"考察区域"。考察的起点是西康的省会康定，作者从康定南关出发，西面翻过折多山，然后转入北路，经过折多塘，到长坝春。从长坝春到中谷，再到八美，历经泰宁到达道浮县城，再到甘孜。在抵达德格县界后即折回南下，原路返回康定，这就是作者考察的线路与区域。二是"物质文化"。作者从衣、食、住、行几个方面分别论述。关于住的方面，作者分牧民、农民分别论述，对农民的锅庄、牧民的牛厂，以及衣饰、食品、出行依赖的牛马、牛皮渡船，都有细致的描述。三是"社会组织"。这个部分的叙述比较详尽，主要涉及阶级、村落、幕营、家族、亲属、婚姻。就阶级而言，寺院中居于统治地位的喇嘛，还有土司，都是贵族阶级。土司之下的"吉松"，多被县政府任命为保正；"吉松"之下的"俄巴"，多被县政府任命为村长。村落是康巴农民的基层组织，"幕营"是康巴牧民的基层组织。作者叙述了农民要承担的乌拉义务,包括马差、稼穑差、柴草差、喜庆祭祀差、酥油差、鸡差、鸡蛋差、杂差,这些都是农民的沉重负担。"村落差户有穷困不堪压迫者,则逃遁他乡到处游荡,或相聚为匪,实行抢劫。"①通过"幕营"组织起来的牧民(亦即"牛厂人家"),则需要向农场主或头人承担相应的劳役和租税。四是"宗教生活",分为念经、礼佛、丧葬、寺院四个方面,述及各种制度及细节。

大致说来,《康北藏民的社会状况》主要是对"康北藏民社会"的一个整体性的考察与描述。在此基础上,《川康北界的嘉戎土司》一文,②主要聚焦于嘉戎土司。

此文开篇交代写作背景:"1945 年夏,作者利用暑假的机会,从成都出发前赴川康北部交界的区域,作实地考察的工作。当时燕京大学社会学系接受美国罗氏基金会及哈佛燕京学社专款,指定委托作者调查川康间的少数民族。作者与助教陈永龄君攀越高山峻岭,深入嘉戎地

---

① 林耀华:《康北藏民的社会状况》,载林耀华:《从书斋到田野》,中央民族大学出版社 2000 年版,第 448 页。

② 林耀华:《川康北界的嘉戎土司》,载林耀华:《从书斋到田野》,中央民族大学出版社 2000 年版,第 464—484 页。

区,行程经两千余里,前后费时两个多月。今将川康间嘉戎区域概况,考察行程经过,嘉戎土司的历史沿革及政治现状,分别叙述,公诸同好边疆问题的同胞。"由此看来,此篇文章是作者在考察"康北藏民社会"一年后的另一次考察的结晶。

文章分四个方面展开。一是"川康北界的区域概况"。作者概括地指出,这个区域在康藏高原的极东地带,北有岷山,南有邛崃山脉。作为川康的特殊边区,既为中原文化与西藏文化的边缘地带,又是汉藏两族交相影响下的缓冲区域。二是"嘉戎区域的考察情形"。作者集中考察的是川康北界范围内的"嘉戎区域"。具体地说,作者从理县东南角的威州沿杂谷河西上,未到理县县城之前,先到达岸北的九子屯,即入嘉戎极东地区。理县县城位于孟屯水汇入杂谷河的冲击台地之上,孟屯水两旁为上下两孟屯地,居民全是嘉戎。从县城西行,所经过的甘坡、杂谷两屯地,乃杂谷河流域最富庶之地。由九子、上孟、下孟、甘坡、杂谷五处屯地合起来的"五屯",原为杂谷土司治下的一部分。作者又从马塘西行,经过梭磨土司官寨,西行六十里,进入卓克基土司境界,再西行二十里,至马尔康。从马尔康西行四十里到达松岗土司官寨,这里的梭磨、卓克基、松岗再加松风西南角的党坝，"为理县北部四土司地，皆系嘉戎民族主要的根据地"①。这就是所谓的"四土嘉戎"之地。三是"嘉戎土司的历史沿革"。"按作者所经历的考察区域，限于四土与五屯地。今先泛论嘉戎民族的来源与分布，然后集中于四土五屯的土司历史与现状。"按照作者的叙述，嘉戎土司分为两个部分，马塘以西的，合称嘉戎本部；马塘以南的，称嘉戎冲部。其中，嘉戎本部又可以分为"四土部"（包括梭磨、卓克基、松岗、党坝四个土司）、"大金部"（包括绰斯甲、促侵、巴底、巴旺、丹东五土司）、"小金部"（攒拉、沃日、穆坪三土司）。嘉戎冲部也可分为"来苏部"、"杂谷部"（包括五屯）、"瓦圭部"。"概括言之，嘉戎原有之十四土司地也，今日则分割于四川之汶川、理县、靖化、懋功与西康之丹巴、道孚、宝兴、金汤等八县。"②以此为基础，作者逐一叙述了这些土司的历史与由来。四是"嘉戎土司的政治现状"。依作者之见，"嘉戎民族的中心在四土，四土中尤以梭磨为主要地位，包括人口四万人，占全县人口二分之一。因是梭磨土司的动

---

① 林耀华：《川康北界的嘉戎土司》，载林耀华：《从书斋到田野》，中央民族大学出版社 2000 年版，第 470 页。

② 林耀华：《川康北界的嘉戎土司》，载林耀华：《从书斋到田野》，中央民族大学出版社 2000 年版，第 471—472 页。

态如何,就能够影响嘉戎民族的命运"①。正是由于这个缘故,文章的这个部分主要叙述了原属梭磨土司的头人苏永清、苏永和兄弟在"四土"范围内争夺区域霸权的过程,其间,整个区域内群雄并起,仿佛东汉末年的群雄争霸,苏永和就是这个局面下的"英雄人物"。作者跟苏永和及其他"豪杰"有十多天的接触,因而有条件极为生动地写下了一篇"四土"范围内的"争霸史"。

前文提到,林耀华已经遗失了的那部书题名为"四土嘉戎",这个书名应当来自此篇所述的"四土嘉戎"。盖"四土"为嘉戎地区的核心,"四土"也是林耀华深度描绘的康巴地区。以"四土嘉戎"作为书名,可以表明,作者对"四土嘉戎"格外注意,格外用心。

关于《四土嘉戎》一书,作者在关于康巴地区的第三篇文章《川康嘉戎的家族与婚姻》的正文之前,有一个简要的说明,其文曰:"1945年作者执教成都燕京大学,因利用暑假的机会,前赴川康北部交界区域,从事实际考察工作。考察期间为7月29日至9月29日,前后共计63天。关于考察的详细报告,已撰成《四土嘉

---

① 林耀华:《川康北界的嘉戎土司》,载林耀华:《从书斋到田野》,中央民族大学出版社2000年版,第476页。

戎》一书。"①根据这个说明,《四土嘉戎》一书,是林耀华以 1945 年暑假期间的考察作为依据写成的。虽然我们没有足够的证据,但也可以推测,上述关于嘉戎土司的文字,以及这篇关于嘉戎之家族与婚姻的文章,还有关于康北藏民社会状况的论述,都应当是这部《四土嘉戎》的内容。

单就《川康嘉戎的家族与婚姻》一文来看,全文共分五个部分。一是"嘉戎社区与民族",在文字上,基本上是重复了《川康北界的嘉戎土司》一文中的"川康北界的区域概况"一节。二是"家族屋名与承继",主要论述"屋名"对于嘉戎家族的意义。嘉戎地区的"屋名",代表了一个家庭(家族)的一切权利与义务,这种权利与义务原则上只有一个子女继承,其他子女要么外嫁、要么入赘他家、要么出家。三是"家族的物质生活"。一个嘉戎家族的物质生活条件首先是房屋。普通的房屋就是锅庄。关于锅庄的内外结构、设施,作者都有详细的叙述,让人历历在目。在锅庄之后,作者分述嘉戎之男女衣饰、食物及日常起居,内容与《康北藏民的社会状况》之相关部分有

---

① 林耀华:《川康嘉戎的家族与婚姻》,载林耀华:《从书斋到田野》,中央民族大学出版社 2000 年版,第 485 页。

交叉重复之处。四是"家族的婚姻关系",基本的原则是"近亲不婚",此外,还有兄死弟娶其嫂的婚例、阶级内婚的婚制等等。根据作者的考察,由于时代的变迁,有些原则或惯例也处于变化之中。五是"家族的婚姻仪式",叙述当地订婚、结婚的过程。①

研究林耀华关于康巴地区的三篇考察报告,可以看到,这三篇报告的内容是相互关联的。这也可以再次说明,这三篇报告很可能就是已经遗失了的《四土嘉戎》一书的主体内容。根据流传下来的这三篇文献来看,林耀华的康巴学研究,主要有以下几个方面的特点。

首先,注重从书斋走向田野,且更加注意田野考察。林耀华把自己的论文集命名为"从书斋到田野",其实已经揭示了他的康巴学研究的一个特点:田野考察。当然,这是人类学研究的一个基本原则。没有田野考察作为依据,甚至都不足以称为严格意义上的人类学研究。然而,林耀华的康巴学研究,却在这个方面付出了更多的艰辛,甚至比他的代表作《金翼:一个中国家庭的史记》一书付

①　林耀华:《川康嘉戎的家族与婚姻》,载林耀华:《从书斋到田野》,中央民族大学出版社 2000 年版,第 485—506 页。

出的辛苦更多。① 在这里,试看他在康巴地区考察过程中的一个片断:"梭磨官寨西行六十里至麻咪桥,已入卓克基土司境界。沿河流而下,少见冲击台地,高山崖土,经盛夏淫雨,崩塌多处,行路更增困难。麻咪木桥被大水冲断,作者与陈君绕道而行,攀越高山崖壁,在一深林中迷路,站立崖上度过黑夜,经四十小时未进饮食。此区路途之难,为世间所罕见。"② 所谓"此区路途之难",其实也可以折射出林耀华为这次考察付出的辛苦、承受的危险。仅此一例,即可让我们体会到林耀华对于田野调查的投入。

其次,在多种要素的交互作用中理解康巴。在一篇讲方法论的文章中,林耀华写道:"人类社会无论在什么区域,或在什么时代,都包括三个要素的交互作

---

① 根据庄孔韶的叙述:"1940 年,林耀华先生在哈佛大学人类学系获得博士学位后,留美陪伴患病妻子期间,根据他在家乡福建省闽江流域黄村及所在县、乡、镇(今福建省古田县境)的生活经历,以及他本人离开中国前在 1936 年和 1937 年最后两次田野工作,写成了小说体《金翼》。"详见庄孔韶:《前言:〈金翼〉两个版本的差异》,载林耀华:《金翼:一个中国家族的史记》,庄孔韶、方静文译,生活书店出版有限公司 2015 年版,第 2 页。

② 林耀华:《川康北界的嘉戎土司》,载林耀华:《从书斋到田野》,中央民族大学出版社 2000 年版,第 470 页。

用。这三个要素是什么？他们是环境、人类和文化。三者的交互作用如何？环境有自然环境和人文环境的分别，太古或初民时代，自然环境比较重要。人类生于自然环境之中，因要生存的缘故，就产生简单的文化工具，去控制自然，以求适应当时的环境。文化渐渐积累，又造成了文化环境，于是人类在对付自然环境之外，更须对付文化环境了。""文化的产生，系由于人类或机体对付环境的缘故，但文化本身造成了文化环境，增加了环境的条件。人类往往于不同的自然环境之中，产生不同的文化；又于不同的文化环境之中，产生不同的习惯行为和生活方式。总而言之，环境、人类和文化三个要素，好像三角关系一样，彼此之间发生交互作用，并且相为因果的。"①这样的研究方法与分析路径，在林耀华关于康巴的几篇论著中多有体现；林耀华习惯于从环境、文化与人类交互作用的角度去理解康巴人民的交往方式与行动逻辑。

再次，注重地理环境与历史沿革。这一特点与前一特点密切相关，甚至可以视为前一特点的延伸与具体化。

---

① 林耀华：《边疆研究的途径》，载林耀华：《从书斋到田野》，中央民族大学出版社 2000 年版，第 171 页。

林耀华认为:"地理环境为人类生来的自然根据点,历史沿革为环境、人类和文化三者交互作用的经过事实。因是史地学识即为研究区域社会的基本条件了。"在地理与历史之间,"地理环境为人类生存的起点,人类因要适应环境而产生文化,换言之,人文的发达系受地理环境的影响。无论山脉、平原、草野、河流、气温、雨水、气候、阳光等,对于人类的文化,都有莫大的贡献,不同的地理环境往往产生不同的文化"。① 历史的因素当然也不容忽视,"从历史事实,我们得悉区域内发展的过程。我们可以探求什么民族在什么时代居住什么地方,这民族有没有移居迁徙,移居时移到什么区域,因为什么缘故移居,移居之后怎么调适或控制新的环境,发生何等样文化,这文化经时多久,这民族有没有和外族接触,有没有引用外族文化,或和外族冲突,冲突之后,那个民族得胜,那个民族失败,被侵略者是否被迫同化,抑或被驱境外,另行迁移其他地区,重新建造起来。这些问题应当反复追问,精细检讨"②。这样"精细检讨",在《川康北界的嘉戎土

---

① 林耀华:《边疆研究的途径》,载林耀华:《从书斋到田野》,中央民族大学出版社2000年版,第172页。

② 林耀华:《边疆研究的途径》,载林耀华:《从书斋到田野》,中央民族大学出版社2000年版,第173页。

司》《川康嘉戎的家族与婚姻》这两篇论著中,体现得尤
其鲜明。

最后,注重融会贯通,体现了文化人类学对于"文
化"的高度关注及其理解方式。按照林耀华自己的说
法,对于像康巴地区这样的"边疆"进行人类学研究,应
当"从史地、生理、语言,一直到达人群团体和文化技术。
这些途径大抵都是从方法上着眼,而且是按照次序的步
骤","我们由于地理的学识,就知道人类最初的环境,加
上历史的学识,那就包括文化环境了。再由于生理的研
究,就知道机制的组构,又有语言的研究,知道机体动作
因人群文化而发生意义,而为传达的工具。人与人发生
关系,造成团体的机构,而研究人群团体的人,必要几
个活跃的考察观点,那就是功能性质、互动关系、均衡
状态、系统组织,以及文化技术之支配人与人之关
系"。① 以这样的方法研究康巴学,不仅可以称之为人
类学的康巴学,而且还可以更加具体地称之为文化人
类学的康巴学。

---

① 林耀华:《边疆研究的途径》,载林耀华:《从书斋到田
野》,中央民族大学出版社2000年版,第184—185页。

四、结　语

　　上文以李安宅、林耀华的康巴学研究为例,展示了人类学的康巴学之基本旨趣。应当看到,无论是李安宅还是林耀华,他们作为那个时代颇具代表性的人类学家,都没有把康巴学研究作为自己的人类学研究的全部志业。他们只是在抗日战争这个大的时代背景下,在"边政研究"或"边疆研究"这个大的学术背景下,充分利用了他们任教的华西协和大学、燕京大学地处成都的机会,就近展开了针对康巴地区的人类学考察,根据他们的实地考察形成的研究成果,促成了人类学的康巴学。

　　关于李安宅的康巴学研究、林耀华的康巴学研究各自的特点,前文已经给予了分别的讨论。在此基础上,也应当看到,他们两人的康巴学,以及其他人类学家的康巴学,都有一个共同的特点,那就是对人类学性质的恪守。人类学的性质是什么?拉德克利夫·布朗写道:"第一个获得社会人类学教授头衔的人是弗雷泽爵士,1908年,利物浦大学授予他荣誉教授职务。1908年5月14日,他在题为《社会人类学的范围》的就职讲演中指出:人类学就其最广泛的意义来讲,旨在发现一般规律,这些规律规定着人类过去的历史,而且如果大自然是真正始终如一的,这些规律也可望规定人类将来的历史。"①这是布朗转述的弗雷泽的观点。至于布朗自己的观点则是:"社会人类学,它是对社会制度——法律的、宗教的、政治的、经济的组织等进行的一般理论研究。"②弗思在《人文类型》一书的末尾写道:"社会人类学作为一门应用性的科学,它的更持久的价值可能在于作为一门文化学科,它给予思想成熟的人更广泛的教育,使他们能够得到有关人类行为比较原则的更坚实的知识。"③按照乔健的理解,"人类学,正像自然科学中的数学一样,是社会科学中最基本的学科,它对经济,政治,社会的发展的功能是根本的,广泛的,长期的,但却不是立竿见影的"④。

这些不同的说法有一个共同点,那就是强调人类学的基础性,它是一门基础学科。它的基础性主要体现在:

---

① [英]布朗:《社会人类学方法》,夏建中译,华夏出版社2001年版,第125页。

② [英]布朗:《社会人类学方法》,夏建中译,华夏出版社2001年版,第93页。

③ [英]弗思:《人文类型》,费孝通译,华夏出版社2001年版,第169页。

④ 乔健:《中国人类学发展的困境与前景》,《广西民族学院学报》1995年第1期。

人类学可以为其他人文社会科学提供了一个解释框架。试举例说明:晚年的马克思对人类学,尤其是对摩尔根的《古代社会》,花费了大量的精力去研究。恩格斯在马克思辞世之次年(1884 年),就根据马克思的遗愿,写成了《家庭、私有制和国家的起源》一书,恩格斯还解释说:"我这本书,只能稍稍补偿我的亡友未能完成的工作。不过,我手中有他写在摩尔根一书的详细摘要中的批语,这些批语我在本书中有关的地方就加以引用。"①马克思恩格斯投入了那么大的热情去从事人类学研究,原因就在于人类学的基础性,特别是人类学研究对于历史唯物主义的支撑作用。② 以这种人类学的立场来展开康巴学研究,可以说是一种本真意义上的"人类学的康巴学"。

本章内容原载《四川民族学院学报》2020 年第 6 期,修订后收入本书。

---

① 《马克思恩格斯文集》第四卷,人民出版社 2009 年版,第 15 页。

② 关于马克思、恩格斯研究摩尔根的《古代社会》以及恩格斯写作《家庭、私有制和国家的起源》一书对于马克思主义理论体系的意义,笔者已有专门的论述,可以参见喻中:《法理四篇》,中国法制出版社 2020 年版,第 29—38 页。

第四章　历史学的康巴学

　　20 世纪初期,传教士的康巴学逐渐走向成熟;20 世纪 20 年代末,经世者的康巴学开始崛起;20 世纪 40 年代,人类学的康巴学开始浮现。这几种不同范式、不同旨趣的康巴学,都是特定历史条件下的产物。20 世纪中叶以后,与康巴学有关的政治环境、学术环境都发生了根本性的变化,康巴学的研究范式、学术旨趣也随之发生嬗变。简而言之,自 20 世纪中期特别是 20 世纪晚期以来,康巴学的研究出现了一个新的趋势,那就是,历史学取向的康巴学逐渐兴起。

　　历史学取向的康巴学研究,主要体现为康巴史学研究。随着康巴历史逐渐成为康巴学理论发展的一个重要的增长点,在相当程度上,康巴学也呈现出康巴史学的趋势。当然,在康巴学的演进过程中,关于康巴史的研究,一直都是一个重心:活跃于康巴地区的传教士关注康巴史,关注西康建省的经世者关注康巴史,走进康巴地区的人类学家也关注康巴史。从更加普遍的立场上看,历史乃是知识生产的重要资源,任何范式的康巴学研究,都不可能完全避开康巴的历史,否则,你既不可能理解康巴的现在,更无以预测康巴的未来。但是,重视康巴的历史是一回事,立足于历史学的旨趣去从事康巴学研究,又是另一回事,毕竟,后者可以成就康巴学研究的一种新范式,那就是历史学的康巴学。

一、历史学的康巴学的兴起

作为一种与人类学的康巴学相并列的,具有相对独立的范式意义的历史学的康巴学,是相对晚近才出现的一种"康巴学现象"或"康巴学趋势"。正如石硕、邹立波所指出的,"尽管现代康藏史研究起步较晚,却一直在藏学研究领域占有举足轻重的学术地位。尤其是近十余年来,康藏史研究日趋成为藏学研究的热点"。尤其是在国外,"康藏史研究逐渐受重视,自 2000 年第九届至 2010 年第十二届国际藏学会,均专门开设康藏研究专题组,并先后汇集出版《康巴历史:民族、地方和权威的视野》(*Khams Pa Histories*:*Visions of People*,*Place*,*and Authority*)、《东部藏区历史研究》(*Studies in the History of Eastern Tibet*)等康藏史方面的论文集,集中展示最新的康巴研究成果,其所收论文多偏重于康藏近代史的研究,并以注重微观个案研究为特点"①。这样的学术趋势表明,康巴史研究不仅成为了康巴学的热点,而且还逐渐成为了藏学研究的一个热点。

在这样的学术趋势中,我们可以看到,瑞典隆德大学教授罗杰尔·格来特里斯(Roger Greatrex,也称王罗杰)的《明代嘉绒地区苯教的朝贡使团》一文,就比较鲜明地体现了"注重微观个案研究"之特点。格来特里斯在此文的开篇,就表达了自己的问题意识与研究方法。他说:"据四川阿坝藏族自治州社会历史调查材料记载,早在清乾隆皇帝(1736—1796年在位)武力征服嘉绒地区之前,整个嘉绒地区是一个信奉苯教的中心地区。"但是,在18世纪以前,嘉绒地区的苯教信仰情况到底如何? 相关的研究微乎其微。"在藏文史料中,关于这一地区的

①　石硕、邹立波:《康藏史研究综述》,《西藏大学学报》2011年第4期。

情况也仅有一些零星、分散的记载。但根据明代官方的汉文史料记载表明从 15 世纪早期直至 17 世纪中期,嘉绒地区土司、头人,他们主要是以高僧身份,参与朝贡使团,向中央朝廷贡献土特产品同时接受朝廷赏赐的丝绸、茶叶、彩币等物品。所谓明代官方记录,主要是指《明实录》"。① 由此看来,这篇文章的核心旨趣在于:弄清楚明代嘉绒地区的苯教信仰情况。要弄清这个问题,作者主要依靠《明实录》中的相关记载。见于《明实录》中的相关信息,主要是一些苯教寺院的首领及其世系。对于大明王朝来说,嘉绒地区的寺院首领及其世系,属于典型的细枝末节,然而,恰好是这样的细节,既"可为我们了解苯教历史情况提供有益的帮助"②,也可反映出历史学的旨趣。历史学的旨趣到底是什么,以及历史学到底是一门什么样的学问,这样的根本问题,恐怕得由历史哲学来回答。不过,罗志田的一个看法颇有参考价值,他说:

---

① ［瑞典］格来特里斯:《朝代嘉绒地区苯教的朝贡使团》,陈楠译,载《国外藏学研究译文集》第十五辑,西藏人民出版社 2001 年版,第 87 页。

② ［瑞典］格来特里斯:《朝代嘉绒地区苯教的朝贡使团》,陈楠译,载《国外藏学研究译文集》第十五辑,西藏人民出版社 2001 年版,第 95 页。

"我的基本看法有两点。第一,史料本有断裂和片断的特性,则史学就是一门以碎片为基础的学问。第二,即使断裂的零碎片段,也可能反映出整体"①,参考罗志田的这个看法,那么,关于明代嘉绒地区朝贡使团中的一些细节问题的研究,恰好可以反映出历史学的康巴学研究之旨趣。

石硕、邹立波所见的康巴史(或康藏史)研究成为热点,主要是立足于专业的藏学研究所得出的结论。在此之外,史学领域还有一个"新清史"的研究主题,也与康巴学的研究紧密相关。正如王秀玉所见,"近年来新清史研究一个重要的理论问题集中在如何把边缘地区国家化与内地体制自身演变的过程结合起来。一方面,边疆史研究展示了不少以往被传统政策话语掩盖的现象,如控制模式多元化和边区军事化等。但在边疆时空情境下产生的现象与中心治理框架之间存在着什么样的内在联系,却仍缺乏研究。其中一个重点在于清朝治理边疆的过程中,边疆战略、地方政权和民族关系对于中央王朝的政治取向、民族主义的形成和边疆社会变迁所产生的影

---

① 罗志田:《近代中国史学述论》,北京师范大学出版社2015年版,第346页。

响。鉴于十九和二十世纪之交的康区历史集中了清廷、川省和拉萨各级政权之间的诸多政治军事上的联系,此一研究为上述理论问题提供了一个宝贵的案例"①。这就是说,在"新清史研究"的视野中,因为"康巴历史"同时牵扯着清廷、川省与拉萨,因而在"新清史研究"领域,康巴历史研究也占据了一个重要的地位,甚至是一个接近于枢纽的地位。

在这里,不妨就以王秀玉关于"清末川康战事"的研究为例,来体会"新清史研究"视野下的"康巴史研究"。在一篇题为《清末川康战事:川西藏区改土归流的前奏》的文章中,王秀玉认为,研究清政府在康巴地区的拓展,不应单纯侧重于理蕃院或军机处等宫廷机构的策划上,还需要在很大程度上关注以四川省为主体的区域层面上的势力竞争过程;如果忽略了区域政治这一中间环节,在分析清王朝边疆政策内在机制上就会产生偏差。因此,康区与川省之间悠久的历史联系使得康巴研究对于分析整体现代民族国家政权的演

---

① ［美］王秀玉:《清末川康战事:川西藏区改土归流的前奏》,刘源、尼玛扎西(杨公卫)译,彭文斌校,《民族学刊》2011年第2期。

变都具有启发性。① 换言之，康巴研究可以从一个特殊的角度反映现代民族国家的建构过程与演变历程。清末的川省与康区都置身于现代民族国家的转型过程中，两者之间的相互关系，以及康区内部各种势力之间的相互关系，特别是文化、信仰、利益方面的冲突，都在这个过程中得到了鲜明的体现。以"川康战事"体现出来的这种冲突，从一个更大的视野中看，乃是现代民族国家建构过程中的一种磨合过程，各方之间的冲突、博弈、妥协，最后都可归属于现代民族国家的建构过程。

文章标题中的"川康战事"在一定意义上也是一种隐喻，它表达了清廷与康区交往过程中出现的一种新方式。正如作者在文章的结论部分所说："在19和20世纪之交，康区的几次战役——巴塘之役、桑披寺之役、腊翁寺之战改变了清朝对该地区的控制模式。以前，只要没

---

① 关于四川与康区的关系，郑少雄有一个解释，值得参考。他说："从清初到民国的绝大部分时间里，四川都可以表达为：四川＝（四川：康区）。""在这个表达式里，第一个'四川'包括汉人区域与川边康区整体，第二个'四川'则仅指代汉人聚居区"，在不同的场合，四川"可以指代双层意思，这在当时的历史语境里是不言自明的"。详见郑少雄：《汉藏之间的康定土司：清末民初末代明正土司人生史》，生活·读书·新知三联书店2016年版，第224—225页。

有大规模的冲突,官员们一般认为边境地区就是'静谧'的。当地土司接受册封并上交象征性的税收和劳务,但行使实际控制权。通过战争,四川新军和一些旧的防护营驱逐了土司和寺院势力,对边区的控制开始更多通过军事实力而不是仪式交换来实现。这个转换过程涉及双方数年的军事行动,直至与康区最强大的寺庙间大规模的战斗。战争准备和冲突对于边境力量的均衡至关重要。战事的最后结果是川省取得了通过军事控制来对康区进行政治变革的可能。"①

　　王秀玉关于"川康战事"的研究,不仅呈现出石硕、邹立波所说的"微观个案研究"的特点,同时也以充分运用罗志田所说的历史"碎片"见长。然而,把诸多的历史"碎片"拼接起来,我们却可以看到一幅整体性、全局性的历史画卷,那就是,在清朝末期,清廷与康区的交往方式,已经发生了一个根本性的变化。在此之前,主要体现为格来特里斯描绘的朝贡关系:康区的土司或寺院首领定期向清王朝呈上象征性的贡品,以表达服从或归顺之意,同时也换取清王朝对土司或寺院首领在康区统治地

---

　　① 〔美〕王秀玉:《清末川康战事:川西藏区改土归流的前奏》,刘源、尼玛扎西(杨公卫)译,彭文斌校,《民族学刊》2011年第2期。

位的确认。这是一种通过仪式的控制,当然,控制也主要停留在仪式层面。这种政治控制及其仪式,主要是"天下体系"的产物。这样的"天下体系"作为一种文明秩序的概括,数千年来,一以贯之,几乎可以说是一个超稳定的政治结构与文化结构。然而,"川康战事"却可以视为"仪式性控制"或"控制仪式"的终结。1905 年 4 月 5 日,清王朝派出的驻藏帮办大臣凤全在康区的巴塘被杀,堪称"仪式性控制"关系瓦解的标志。这是一个转折点。此前是行礼如仪,此后是兵戈相见。清廷对康区的控制方式,由此发生了一个根本性的转变。同时,这个根本性的转变也象征着"天下体系"下的王朝开始转向现代性的民族国家。

虽然王秀玉的论文对这样的根本性转变未作进一步的深究,但是,如果我们超越"新清史"的视野,如果我们从一个更长的历史视野与更宽的空间视野中看,特别是立足于当下的"后见之明",则可以发现,"川康战事"几乎是不可避免的,清廷对康区的控制方式,由"仪式控制"转向"军事控制",也是不可避免的。在凤全被害之前,见于格来特里斯专门论述的"朝贡使团",毕竟是明代及古代中国盛行的交往方式与控制方式,正如前文所提到的,这种控制方式是"天下体系"的产物。按照虞舜之言:"食哉惟时。柔远能迩,惇德允元,而难任人,蛮夷率服。"①按照孔子之言："远人不服，则修文德以来之。既来之，则安之。"②这些具有经典意义的言论表明，"蛮夷率服"或"远人来朝"都是天子圣明的象征。因此，康区地方势力的进京朝贡，不仅是康区土司及寺院首领的需要，同时也是朝廷与君主的需要。然而，在凤全被害的1905 年，恰好就是清廷废除科举考试之年。废除传统的科举考试，意味着不必再以传统中国的经书来引导天下士人。由传统中国的经书、经学支撑起来的"天下体系"作为一种文明秩序也就由此终结，华夏文明也由此从"经学时代"转向"后经学时代"。③ 而在此之前的甲午战争的失败，则已经在事实上宣告了"天下体系"的终结，取而代之的体系，则是新的"万国体系"。为了在"万

---

①　曾运乾注：《尚书》，黄曙辉校点，上海古籍出版社 2015 年版，第 19 页。

②　杨伯峻译注：《论语译注》，中华书局 2012 年版，第241 页。

③　蒙文通曾经指出："由秦汉至明清，经学为中华民族无上之法典。"详见蒙文通：《蒙文通全集》第一卷，巴蜀书社 2015 年版，第 310 页。不过，随着清王朝的瓦解，这样的时代也随之终结。与此同时，在华夏世界中，政治、国家与法的最高理据，必须另行寻找。在华夏大地上，数量庞大的读书人因为失去了通过科举考试寻求出路的机会，他们转而到东洋或西洋留学，或者寻求其他的出路。

国体系"中把华夏共同体锻造成为一个现代性的民族国
家,清王朝与康区的交往关系、交往方式,必然改弦更张。
由"仪式控制"转向"军事控制",由此成为历史的必然。
这就是通过王秀玉的论文所能够推导出来的一个整体性
的结论。这样的研究,虽然着眼点在于康巴的历史,但它
的学术意义却超越了康巴这个特定地区的历史。

　　进一步看,历史学的康巴学不仅可以从"新清史研
究"的角度来看,还可以从海外的中国边疆研究来看。
彭文斌注意到一个学术现象:"与人类学的中国边疆研
究相比,近些年来西方史学对中国边疆研究大有后来居
上的态势","近些年来在西方和美国史学界的中国西南
边疆研究中,也许最引人注目的研究领域莫过于中华帝
国的建构与土司制度在西南地区的变迁。西方学界新近
对土司制度的研究,不仅提倡以能动的观念来重新检视
帝制时代中央与地方的关系,也以'基层'的视角强调一
种方法论的更新,即立足于土司制度与'地方世界'的构
建过程来进行探讨,而非局限于仅以帝制时代'大一统'
格局的创制为着眼点的传统研究方法"。① 这样的学术

---

① 　彭文斌:《近年来西方对中国边疆与西南土司的研究》,
《青海民族研究》2014 年第 2 期。

趋势意味着,在海外,历史学的康巴学研究较之于人类学的康巴学研究,已经呈现出"后来居上的态势"。这种"此消彼涨"的趋势是多种因素促成的,其一,人类学的康巴学依赖实地考察,但历史学的康巴学则不必以实地考察为前提,只要有足够的文献,即使在距离康巴地区万里之遥的异国他乡,也可以作出很好的历史研究。其二,这种趋势或许与西方人类学界的某些反省有关。譬如,"部落或部族不再是社会或民族的进化阶段,而是早期人类学家就'生与熟','野与文','他与我'而做的截然两分。甚至苏丹的'努尔人'和印度的'种姓'也都不是原生事实,而是西方殖民当局造成的行政遗产。更严厉的反思和批判还包括:人类学不是在探求真理,也不是在解读'退色的外文残稿',而是在通过'想象的异邦'来确认自身……"[①]按照这样的反思与批判,西方学界的中国边疆研究,难免从"人类学范式"转向"历史学范式",在这样的背景下,从人类学的康巴学转向历史学的康巴学,可能就带有某种必然性。

综合上述三个方面,我们可以看到,石硕、邹立波所

---

① 　人类学名著译丛编委会:《丛书总序》,载〔英〕马林诺夫斯基:《科学的文化理论》,黄剑波等译,中央民族大学出版社1999年版,第3页。

概述的"康藏史研究"本身就属于康巴学研究；在"新清史研究"与海外的"中国边疆研究"这两大学术主题中，不仅包含了康巴学研究，康巴学研究甚至还起到了某种"轴心"的作用。根据这三个方面的学术态势，我们可以说，在康巴学的研究领域，确实兴起了一个"历史学的康巴学"。

在国内学术界，大致说来，历史学的康巴学主要是从20世纪80年代开始兴起的。因为，从20世纪50年代至70年代，在特定的时代背景下，关于康巴的历史研究与其他研究领域一样，普遍处于停滞状况。相比之下，国外学术界的相关研究，在时间上不存在明显的断裂。这就是说，在国外，历史学的康巴学经历了一个更长时间的演进历程。譬如，笔者收集了一套从1985年就开始出版的《国外藏学研究译文集》，其中的第一册收录的第一篇文章，就是日本学者佐藤长的《西藏古代史研究》。① 这是一篇与康巴史有关的文章，同时也是一篇与"历史学的康巴学"有关的文章，而佐藤长的包括康巴学研究在内的藏学研究，早在20世纪上半叶，就已经开始了。考虑

---

① ［日］佐藤长：《西藏古代史研究》，姜镇庆译，载《国外藏学研究译文集》第一辑，西藏人民出版社1985年版，第1—31页。

到这样一些背景以及其他方面的因素,以下主要借助于没有明显断裂的海外研究作为素材,从古代史与近代史两个领域,展示"历史学的康巴学"之旨趣。

二、关于康巴的古代史研究

从古代史的角度看历史学的康巴学,所看到的康巴学研究主要体现为关于康巴的古代史研究。在学术史上,关于康巴的古代史研究吸引了很多历史学者的心智。譬如,法国学者巴科的《吐蕃王朝政治史》一文,就从"传说时代的历史"开始说起①,体现了某种追根溯源的旨趣,它作为一篇藏学论文,其中就涉及康巴的古代史。

在众多的海外藏学论著中,我注意到,法国学者石泰安(Rolf Alfred Stein,1911—1999)的论著在《国外藏学研究译文集》这样一套具有辑刊性质的系列出版物中,得到了反复的译介,譬如,《敦煌藏文写本综述》(第三辑)、《吐蕃敦煌文书中有关苯教仪轨的故事》(第四辑)、《古

---

① [法]巴科:《吐蕃王朝政治史》,耿昇译,载《国外藏学研究译文集》第二辑,西藏人民出版社1987年版,第1页。

藏语中的一个语义群》(第七辑)、《唐蕃会萌考》(第七辑)、《古代吐蕃和于阗的一种特殊密教论述法》(第七辑)、《有关吐蕃佛教起源传说》(第七辑)、《敦煌写本中的印—藏和汉—藏两种解释》(第八辑)、《敦煌写本中的吐蕃巫教和苯教》(第十一辑)、《西藏的印度教话》(第十一辑)等等,都可以反映石泰安的研究旨趣。在这套辑刊中,石泰安的作品如此频繁地被翻译过来,足以表明中国藏学界对他的重视,以及他对中国藏学研究的影响。更加值得注意的是,石泰安既是从历史学的角度切入藏学,同时还对康巴的历史进行了专门的研究。有鉴于此,有必要以石泰安及其论著作为个案,以折射海外学者从古代史的角度展开的康巴学研究。

关于石泰安其人其学,在汉学界、藏学界早已广为人知。根据法国汉学家谢和耐在《二战以来法兰西学院的中国学研究》一文中的概括:"石泰安(Rolf Stein),1911年出生于德国,1966年至1981年执教于法兰西学院。他主持的讲座名为'中国社会研究:制度和观念'。由于纳粹的迫害,石泰安年轻时被迫离开德国,来到法国避难,后来成了葛兰言的主要弟子之一。葛兰言属于杜尔克姆(Emile Durkheim)和莫斯(Marcel Maus)创立的法国社会学学派,这个学派以各种文化和各个时代的社会现象和社会行为作为客观研究的对象。石泰安在法兰西学院已经深受葛兰言的影响,后来又受到列维—斯特劳斯(Levi-strauss)的影响。大量无意识的对立主宰着神话的结构和社会思想的各种形式,这便是列维—斯特劳斯的中心思想。石泰安不仅是中国西藏和越南研究专家,他还懂蒙古文和日文,1940年至1946年,他在河内的法国远东研究学院工作,后来院长以他是犹太人为由把他赶走,他于是转赴中国,在那里一直呆到1949年。石泰安对宗教问题具有异常敏锐的观察力",而且,"宗教生活的题材、观念和形式使他如痴如迷,他尤其关注宏观和微观之间的关系"。①

　　这段话,体现了作为汉学家的谢和耐眼中的石泰安。结合我们要讨论的"历史学的康巴学"这个主题,石泰安作为一个海外的康巴研究者,特别是作为一个历史学者的学术经历,还可以根据《汉藏走廊古部族》一书所附录的一份"石泰安小传",略作补充:1933年,石泰安在柏林大学取得了汉语课程的文凭,随后亡命于法国。1934年,石泰安在巴黎东方现代语言学院取得汉语学科的毕

---

　　① ［法］谢和耐:《二战以来法兰西学院的中国学研究》,严武译,《中国史研究动态》1995年第3期。

业文凭,成为法国中国高等研究所的学生。1936 年,石泰安在东方现代语言学院取得日语学科的毕业文凭。1937 年在巴黎大学获得了文学士称号。1940 年,石泰安被法国科学院推荐为法兰西远东研究学院的助理研究员,但由于战争,未能获得批准,直到 1946 年,才受到破格提拔,并追认他从 1941 年起就享有助理研究员的资格。在 1946—1949 年间,石泰安被法兰西远东学院派往中国昆明、成都、北京等城市,以及内蒙古、四川和云南等地区,从事实地考察工作。回到法国后,1949 年在国立东方现代语言学院任汉语教授,1951 年以后在巴黎高等实验研究学院讲授远东和大陆亚洲比较宗教学。石泰安1960 年撰写的学位论文《西藏的史诗与游吟诗人的研究》获得了普遍的好评。石泰安涉及康巴的研究成果主要包括:《西藏占卜术中的三十三种签》(1939)、《西夏与木雅》(或《弭药与西夏》①,1951)、《林地土司版本的西

---

①　此处的"弭药"一词,今日较少使用,在历史上,是指唐宋时期散居在今天的甘肃南部和青海省内的一些党项羌部落。根据吴天墀的研究,"唐朝开国的同时期,吐蕃奴隶主政权从西藏高原上崛兴起来。唐太宗死后,吐蕃的势力日益向外扩张,北上并灭了吐谷浑;散居在今甘肃省南部和青海省境内的许多党项羌部落,受不了吐蕃的威迫和压榨,请求内徙;唐政府就把原设在陇西地区的静边州都督府移置庆州(今甘肃省庆城县),辖

藏格萨尔王史诗》（1956）、《喇嘛教中的假面具》（1959）、《汉藏走廊的羌族》（1957）、《汉藏走廊古部族》（1959）、《有关木雅和西夏的新资料》（1966）等等。① 从这些作品的主题来看，石泰安关于康巴的研究，主要集中在康巴的古代史方面。

　　我们以他的代表作之一《汉藏走廊古部族》为例，看他的康巴研究之旨趣。此书的"引言"开篇即指出："无论是浩如烟海的各种汉籍（尤其是自汉、隋、唐诸代以来的各断代史），还是古代（敦煌写本）和近代（喇嘛教古代史）藏文文书，它们都曾记载过沿着汉藏边界地区而散居的诸民族部落。对于汉文史料，早就为人所共知了，但汉学家们尚未能将它们与藏文史料进行过对照比较。相

下的二十五个党项州，也随着一道迁徙。其原住地区为吐蕃所占领，留下来的党项羌人民，受吐蕃统治，改称'弭药'"。"这一新的称号后来扩大到包含北上的党项羌族，西夏是以党项羌族为主体所组成的国家，因此吐蕃也以这个名号来称呼西夏。"直到北宋时期，"吐蕃和西域国家乃继续使用'弭药'的名称来称呼党项羌北上所建立的西夏王国"。详见吴天墀：《西夏史稿》，商务印书馆2010年版，第8页。这些史实，还可参见新、旧《唐书》之《党项传》。

　　① ［法］石泰安：《汉藏走廊古部族》，耿昇译，中国藏学出版社2013年版，第158—161页。

反,某些藏学家,尤其是托玛斯(F.W.Thomas),已经使用过一批敦煌藏文文书;比较晚期的一些西藏传说也已经由图齐(G.Tucci)和赫尔曼神父(M.Hermanns)等人进行过尚不成系统的介绍。但托玛斯所积累的汉文史料非常有限,他的许多考订又招致了不少非议。至于 P.赫尔曼神父的解释,基本也是如此。图齐先生的无量功德就在于澄清了许多有关细节问题的悬案,但他也没有探溯我所想要论述的所有资料。本人业已作过一次有限的尝试,现在,我确信进一步深入研究这一问题的时机已经成熟。"①

石泰安的这段颇为自信的"开场白"足以表明,他是一个历史学家。首先,他的这部书的标题已经显示,他所研究的主题是"古部落",研究汉藏走廊或康巴地区的"古部落",就是在研究康巴地区的"古代史"(详后)。其次,他的研究是以"史料"为中心展开的。他主要关注三种史料:以历代官方史书为核心的传统汉籍;以敦煌写本为载体的古代藏文文献;以喇嘛教古代史为载体的近代藏文文献。对于既有的研究所存在的问题,他归之于

① [法]石泰安:《汉藏走廊古部族》,耿昇译,中国藏学出版社 2013 年版,第 1—2 页。

相关的研究者未能把汉文史料与藏文史料相互结合、相互对照。这就意味着,既有的相关研究都存在着比较严重的缺陷。有鉴于此,他试图把汉文史料与藏文史料结合起来。显然,这种史料上的结合,以及在运用史料方面的优势,能够更好地支撑并改进他的研究。这种对于史料的高度依赖,正是现代史学的核心旨趣。比石泰安年长 24 岁的金毓黻(1887 — 1962)认为:"史料缺乏,固不足以言修史,史料凌杂,修史者亦无法致功。"①比石泰安年长 15 岁的傅斯年(1896 — 1950)在《史学方法导论》一书中讲得更明确:"史学的对象是史料,不是文词,不是伦理,不是神学,并且不是社会学。史学的工作是整理史料,不是做艺术的建设,不是做疏通的事业,不是去扶持或推倒这个运动,或那个主义。假如有人问我们整理史实的方法,我们要回答说:第一是比较不同的史料,第二是比较不同的史实,第三还是比较不同的史料。"②傅斯年关于史学与史料之关系的论述,恰好可以用来解释石泰安的学术精神与研究方法。石泰安就像傅斯年所说的那样,通过"比较不同的史料",亦即比较关于古代康巴

---

① 　金毓黻:《中国史学史》,商务印书馆 2010 年版,第2 页。

② 　傅斯年:《史学方法导论》,中华书局 2016 年版,第 3 — 4 页。

的汉文史料与藏文史料,对康巴地区的古代史进行了卓
有成效的研究,对古代的康巴地区作出了新的揭示。由
此,我们可以把石泰安的康巴研究与人类学的康巴研究
有效地区分开来。石泰安的康巴研究,可以作为历史学
的康巴学的一个标本。

说石泰安的研究是历史学研究,这没有问题,为什么
说他的研究是康巴研究,可以归属于康巴学的研究成果?
我们的理由,在上文中已经略微提到,那就是:"汉藏走
廊"的古部落主要就是古代康巴地区的古部落,关于汉
藏走廊古部族的研究,就是在书写康巴地区的古代史。
正如此书在"结论"部分中所指出的:"由此看来,西藏传
说中认为六个'原始部落'都位于中部藏区之外,在东部
藏区的边缘地区,我们在那里发现了许多地名、民族名
或其他与这些神话传说中的部落有关系的名词。"而
且,"我们的所有分析都可以证明这一结论的正确性,
西藏传说更为注重于汉藏边界地区的部落,这也是很
有道理的"①。这就是说,石泰安研究的古部落主要在
东部藏区。所谓东部藏区的汉藏走廊,主要就是今天

———————

① [法]石泰安:《汉藏走廊古部族》,耿昇译,中国藏学出
版社 2013 年版,第 131 页。

的康巴地区。

按照石泰安的研究,汉藏走廊上的"古部落"主要是色、哲、董族人、东族、珠族、噶族、玛族人和木族人、木族、白族和达族、高族,等等,一共是十个原始部落。其中的每个部落又有若干的分支。以"董族人"或董族部落为例,这个部落有一个分支是"木雅(Mi-nyag)人,但似乎可以肯定,他们绝不是古代青海湖—阿拉—鄂尔多斯地区的木雅人(Mi-nyag),而肯定是指打箭炉地区的木雅人。冲林强人(Khrom-tshang)肯定也居住在同一地区。《德格土司世系史》(第 34 页)提到了聂戎(Nyag-rong,即嘉戎)和江堆(LCags-mdud,Chantui)地区的超强颇章(Knro-tshang Pho-brang)这一宫殿名称,在台克曼(Ter-chman)的地图中,此地就相当于 Trotsang podrang(位于甘孜之西和仪陇之北)。"①这段话可以体现石泰安的论述风格:他尽可能利用汉文、藏文文献,剖析各个原始部落之间错综复杂的关系,以及各个部落内部各个分支之间的关系,以确定各个原始部落的特点、位置。尽管各个原始部落的名称、所在地点的地名都发生过反反复复的

---

① [法]石泰安:《汉藏走廊古部族》,耿昇译,中国藏学出版社 2013 年版,第 48—49 页。

变化,尽管这些部落之间的关系十分微妙和难测,但是,石泰安还是尽可能充分运用汉藏两种文献的比较与对照,对各个原始部落的起始和地名的变迁,做出尽可能翔实的考证。

在《汉藏走廊古部族》一书中,石泰安广泛地引证多家研究文献。相比之下,他对图齐的著作有更高的评价。在我们看来,在历史学的康巴学研究者中,石泰安具有相当的典型性与代表性。但是,在石泰安眼里,图齐却是一个值得重视的学者。有一个细节,也许可以说明石泰安对图齐的重视。他在《汉藏走廊古部族》一书的不满3页篇幅的"前言"中,居然五次提到图齐的名字。他在提到图齐时,使用的表达方式主要有:"图齐先生的无量功德","图齐的一大功劳","由图齐所阐述的问题则是颇为引人注目的","图齐成功地捍卫了晚期文献中历史传说的真实性",①等等。由此看来,图齐是石泰安引为同道的学者。那么,图齐何许人也?

图齐(Giuseppe Tucci,1894—1984,亦译为杜齐),意大利人,主要从事藏学、汉学、印度学等方面的研究。根

---

① [法]石泰安:《汉藏走廊古部族》,耿昇译,中国藏学出版社2013年版,"前言"第1—3页。

据沈卫荣的介绍,图齐的学术地位很高,"在西方众多藏学明星中,意大利藏学家杜齐(Giuseppe Tucci)无疑是最令人瞩目的一颗。他以其丰富的藏书、渊博的知识和精湛的论著雄视西方藏学界,成了继匈牙利学者、西方藏学研究的开山鼻祖乔玛之后的又一座丰碑。在今天的意大利,西藏学研究已不再那么很吃香了,但意大利人仍以他们的祖国曾经有过杜齐这么一位杰出的藏学家而感到骄傲。杜齐离开喧闹的人世已经三年多了,可至今还没有人能够替代他在西方藏学界的领导地位"①。

作为研究海外藏学的学者,操林英对图齐有一个概括:"图齐一生以其数以百计版本各异、语言不同、学科及主题涵盖甚广,范围从古代中国哲学史到印度哲学史、到佛教,以及藏地宗教的科学论著当之无愧地成为 20 世纪最伟大的东方学家之一。概言之,他是藏学研究、佛教和印度教领域最杰出的学者,是出类拔萃的文献学家、历史学家,其人文学术造诣深厚,东西方文化互鉴之洞察力深邃;此外,他还在自称'专业之外'的考古研究中取得

----

① 　沈卫荣:《意大利藏学家杜齐的生平及其著述》,载《国外藏学研究译文集》第六辑,西藏人民出版社 1989 年版,第 250 页。

了辉煌的成绩。"①

按照这个说法,虽然也有意大利学者把图齐称为考古学家,②虽然图齐在考古学领域取得了辉煌的成绩,但他自认的专业并不是考古学,而是卓越的文献学家与历史学家,对历史文献的研究,才是图齐自认的专业。怪不得比他晚生17年的石泰安对他推崇有加。因为,图齐在石泰安之前,已经对藏学文献进行了深入而专业的研究。在图齐众多的藏学论著中,石泰安在《汉藏走廊古部族》一书里反复提到的是他的《西藏画卷》,此外还有《吐蕃诸王陵》《论西藏历史传说中的真实性》等著作。目前,在中国比较流行的图齐著作主要有《西藏宗教之旅》《喜马拉雅的人与神》等等。

在图齐的藏学论著中,虽然很难说,哪一部论著可以称为康巴学的专著。但是,康巴学是藏学的一个分支。图齐关于藏区的一般研究,其实就包括了康巴研究。譬如,在图齐的《西藏的宗教》一书中,有一个部分专门论

---

① 操林英:《简述东方学家朱塞佩·图齐的"人文共通体"》,《西藏民族大学学报》2017年第6期。

② [意]卡列宁:《作为考古学家的图齐》,程嘉芬译,吕红亮校,载四川大学中国藏学研究所主编:《藏学学刊》第8辑,中国藏学出版社2013年版,第123页。

述《西藏的苯教》。关于西藏的苯教，图齐开篇就指出："苯教(Bon 习惯上也用作地名，如作 Bon 或 Bond yul，即蕃域，指吐蕃)是吐蕃的宗教。尽管它受到了佛教的全部影响，但它仍延存下来了。整个西藏地区都分布有苯教寺院和苯教圣址。它们在西藏东部特别多；在西藏中部则较少，虽然在日喀则附近也有一座很大的寺院"[1]。从苯教的地域分布情况来看，如果说苯教"在西藏东部特别多"，那就意味着，这篇关于西藏苯教的研究，也可以说是康巴学研究的作品。因为"西藏东部"的很多地方，都属于康巴地区。在这篇论著中，图齐的立场也是历史学的，他追求的是对苯教的复原，他说："我们对苯教的复原(大部分都是以事后推论的方式完成的，它一般都以晚期文献为基础)无论如何在许多问题上都由汉文史料得到了证实(伯希和：1961 年书，第 92 页)，它们均来自汉藏关系的最初年代。"[2]这就是说，这篇以复原早期苯教为目标的论著，也属于典型的历史学论著。

图齐也提到了石泰安的作品。在论述苯教徒的使命

---

① ［意］图齐：《西藏的苯教》，金文昌译，载《国外藏学研究译文集》第 4 辑，西藏人民出版社 1988 年版，第 141 页。

② ［意］图齐：《西藏的苯教》，金文昌译，载《国外藏学研究译文集》第 4 辑，西藏人民出版社 1988 年版，第 180 页。

时,图齐写道:"一些特殊的史著中讲到的事实是苯教徒负责保护国王的生命,支持大相们或牢记保护国家的边界。所以,许多史学家都强调了社会(社稷)受三类人保护的观点:苯教徒、故事员和官吏。苯教徒的概念包括一整套宗教体系,涉及到了其名、巫师、辛和我们刚才论述过的其他巫师。'故事员'是指那些演唱赞歌和史诗英雄的事迹、某些家族世系和宇宙起源的神话者,他们在今天的继承人就是'演唱艺人',那些演唱格萨尔史诗的游吟诗人。石泰安(1959年书,《西藏史诗和游吟诗人的研究》)曾对此作了高度概括的研究。"①稍后,图齐还引用了石泰安的《西藏的文明》一书。② 这些引证,特别是关于苯教的历史考察,既可以让我们看到作为一个历史学家、文献学家的图齐,还可以体会到他对石泰安学术理路的认同。

从意大利的图齐到法国的石泰安,他们关于康巴的论著展示了一种康巴学研究的历史学进路:关注康巴地区的古代史,偏好对康巴地区的古代历史文化进

---

① [意]图齐:《西藏的苯教》,金文昌译,载《国外藏学研究译文集》第4辑,西藏人民出版社1988年版,第171页。

② [意]图齐:《西藏的苯教》,金文昌译,载《国外藏学研究译文集》第4辑,西藏人民出版社1988年版,第193页。

行追根溯源式的研究,他们的研究立足于多种史料的比较与对照,他们还相互引证,引为同道。由于这些方面的缘故,我们可以把图齐与石泰安作为历史学的康巴学研究的代表人物,甚至还可以说,他们代表了一种"图齐—石泰安"模式的康巴学研究,虽然他们的研究主要侧重于康巴的古代史。尽管康巴学只是藏学之下的一个分支学科,尽管他们的研究不限于康巴学,不宜把他们称为康巴学家或康巴学专家,但他们从古代史的角度对康巴学研究作出不可替代的贡献,他们从古代史的角度推进了历史学的康巴学研究,则是没有疑问的。

三、关于康巴的近代史研究

如果说康巴的古代史伴随着传说与神话,具有悠远而神秘的意味,那么,在康巴的近代史上,现实的矛盾、博弈、冲突,则让人有触手可及之感。数十年来,从历史学的角度研究康巴,关于康巴的近代史研究较之于关于康巴的古代史研究,成果更多,显得更加繁荣,背后有一个重要的原因就在于,关于近代的康巴,各种各样的史料更容易获取。在档案方面，有《近代康区档案资料选编》《清代藏事奏牍》等等，用起来比较方便。各种志书也比较容易搜集，譬如《雅州府志》《打箭炉志略》《康定县志》等等。而且，在近代，跟康巴有关的当事人的记录也不在少数，譬如清末傅嵩炑的《西康建省记》，有泰的《有泰驻藏日记》，等等。此外，与康巴有关的各省、州、市、县组织编辑的各类"文史资料选辑"，极大地丰富了关于康巴的近代史料。正是这些丰富的、多元的史料，明显地促成了康巴近代史研究的繁荣。对此，在本章的第一部分，已经略微有所提及。

在林林总总的康巴近代史论著中，石硕、邹立波提到的一部书颇有代表性，那就是《康巴历史：民众、地方与权力的视野》，作为一本视野多元的论文集，它可以容纳不同的研究旨趣与研究方法。其中有一篇论文是哥伦比亚大学毕业的历史学博士何溯源（William M. Coleman, IV）所撰，题为《巴塘事变：康区及其在近代汉藏史上的重要性》（*The Uprising at Batang：Khams and Its significance in Chinese and Tibetan History*，以下简称"何文"）。这是一篇论述"巴塘事变"的论文。"巴塘事变"就是"凤全事件"。这个事件在康巴地区的近代史上，影响较大，已有多篇专题论文对这个事件进行过论述。① 相比之下,何文的新颖之处在于,它把"巴塘事变"置于一个特定的文化政治生态中来剖析,它运用了杜赞奇的"权力的文化网络"这样一个概念作为分析的工具,这就为重新观察近代史上的"巴塘事变"提供了一种新的视角。

所谓"权力的文化网络",是美国学者杜赞奇在《文化、权力与国家:1900—1942 年的华北农村》一书中详细论证的一个概念,虽然此书的第一章专门论述了"权力的文化网络",但在此书的"前言"部分,已经对"权力的文化网络"进行了解释。杜赞奇说:"这里所用的'权力'(Power)一词是一中性概念,它是指个人、群体和组织通过各种手段以获取他人服从的能力,这些手段包括暴力、强制、说服以及继承原有的权威和法统。这一定义似乎过于笼统,但事实上权力是各种无形的社会关系的合成,难以明确分割。权力的各种因素(亦可称之为关系)存

---

① 譬如,何云华:《凤全事件之我见》,《西藏研究》1988 年第 4 期;刘永达:《1904 年霍西笔下的巴塘、丁林寺与"乙巳凤全死亡事件"》,《四川师范大学学报》2007 年第 2 期;任新建:《凤全与巴塘事件》,《中国藏学》2009 年第 2 期;蔡丽平、代维:《危机与应对:凤全事件后清政府对康区的治理》,《四川民族学院学报》2019 年第 1 期;等等。

在于宗教、政治、经济、宗族甚至亲朋等社会生活的各个领域、关系之中","对这种权力关系,我统称为'权力的文化网络'(Culture nexus of power)。这一文化网络包括不断相互交错影响作用的等级组织(hierarchical organization)和非正式相互关系网(networks of informal relations)"。① 在此书的第一章,杜赞奇又进一步表明:"我引入'权力的文化网络'这一概念,试图进一步拓宽理解一种文明中政治体系的视野。"②

杜赞奇的"权力的文化网络"概念深度影响了何文,构成了何文的理论底色。正如何文所称:"'权力的文化网络'是一个宽泛的概念,它便于我们探讨一个地区的政治、文化、社会与经济环境的抽象图景,也是本文探讨的基石。作为一种组织结构,'文化网络'是地方社会获取权力与资源的源头,也正是在'文化网络'这一舞台中,各种政治因素相互竞争、领导体系得以形成。因而,'文化网络'使得我们能分析一个区域'权力所赖以运作的组织结构中的文化与合法性。'换言之,'文化网络'提

---

① [美]杜赞奇:《文化、权力与国家:1900—1942年的华北农村》,王福明译,江苏人民出版社1996年版,第4页。

② [美]杜赞奇:《文化、权力与国家:1900—1942年的华北农村》,王福明译,江苏人民出版社1996年版,第13页。

供了一种组织结构;围绕文化网络,我们能辨别权力主体
在各时期的波动。从总体上对巴塘与康区的这些主体进
行探讨,可以展现事变之前它们在'文化网络'中的位
置、在事变相关事件中的角色以及事变之后在权力的
'文化网络'中的地位变化。"①由此可见,何文立论的基
石,就是杜赞奇的"权力的文化网络",在这一基石之上,
何文为"巴塘事变"勾画了一个关于权力的文化网络:
"在巴塘的'权力文化网络'中,有四类基本的主体角色:
地方精英、寺院及其代表、清王朝的代表以及商人。"②巴
塘地区的"权力文化网络",就是由这四类主体交错形
成的。

在这四类主体中,(1)地方精英主要是两位地方首
领。具体地说,治理巴塘的地方精英是两位第巴,即由西
藏派来的第巴('Ba'sde pa)与次第巴(gnya ngan sde
pa),这是两个可以世袭的职位,在巴塘的"权力文化网

① [美]何溯源:《巴塘事变:康区及其在近代汉藏史上的
重要性》,汤芸译,彭文斌校对,《西南民族大学学报》2014 年第
3 期。

② [美]何溯源:《巴塘事变:康区及其在近代汉藏史上的
重要性》,汤芸译,彭文斌校对,《西南民族大学学报》2014 年第
3 期。

络"中,他们作为世俗的精英,能够自主管理巴塘。后来,随着清廷对康巴地区控制的加强,即使传统的第巴变成了土司,他们在巴塘地区"权力文化网络"中的地位依然保留。(2)寺院及其代表。他们既享有意识形态方面的权威,也拥有巨大的物质财富,同时还拥有他们自己的武装力量。(3)清王朝的代表。土司也可以算作是清王朝的代表,因为土司已经被纳入清王朝的行政体系,不过,清王朝对土司的控制主要是符号意义上的。相比之下,驻在当地的流官,譬如,驻在巴塘的粮台及其属僚,还有一队士兵,才是清王朝的真正的代表。(4)商人。这个群体因为拥有较强的财力与物力,因而在当地的"权力文化网络"中占据了一定的影响力。这就是何文所述的巴塘地区的"权力文化网络"。1904年,清廷为了增加自己在康巴地区"权力文化网络"中的影响力,任命作风强悍的凤全作为驻藏帮办大臣。当凤全到达巴塘地区之后,他在当地实施的一系列政治、经济、军事行动,明显地打破了当地固有的"权力文化网络"内部的平衡,1905年,巴塘民众奋起杀死了凤全及其随从,从而酿成了著名的"巴塘事变"。

在"巴塘事变"之后,经过赵尔丰的改革,有效地实施了"改土归流",原有的"权力文化网络"内部的平衡被瓦解:土司失去其合法性,退出了权力文化网络;清廷派出的代表得不到本地民众的欢迎;寺院及其代表的影响力得到了增加;与此同时,商人的影响力也有所增加,这就形成了一个新的"权力文化网络"。在何文的最后,作者写道:"笔者认为19世纪末至20世纪初的康区存在着一个明确的'权力文化网络'。正是'文化网络'中的四个基本主体(土司、寺庙、清王朝代表与商人)间的互动,为我们辨析康区独特的社会经济秩序提供了契机。尽管自17世纪初到19世纪末,康区少有平静,但其'文化网络'仍保持着一种微妙的平衡。然而,巴塘事件永久地打破了这一平衡:土司从'文化网络'中退出;寺院的权力由此增加。清军在此地域的大规模驻军,将族际关系变得紧张,并增加了对该地区的资源索取,也改变了'文化网络';最后,随着赵尔丰在康区的推进,商人在'权力文化网络'中的影响因而得到增长。很明显,'权力的文化网络'是理解康区历史的一个关键要素。"①

　　这段结论性质的论述表明,何文的旨趣在于理解"康区历史",因而,这是一篇史学论文;更具体地说,这

---

　　① [美]何溯源:《巴塘事变:康区及其在近代汉藏史上的重要性》,汤芸译,彭文斌校对,《西南民族大学学报》2014年第3期。

是一篇以康巴近代史为主题的论文。由于何文借用了杜赞奇的"权力的文化网络"这样一个概念,这就为重新解释"巴塘事变"找到了一个新的分析框架。"巴塘事变"的发生,就是因为当事人(主要是凤全)打破了当地"权力文化网络"的平衡。不过,由"巴塘事变"引发的一系列改革措施,又重塑了当地的"权力文化网络"。因此,"权力的文化网络"为这个已经被反复讨论的"巴塘事变",赋予了新的理论意义。这就是何文对康巴近代史研究的贡献。

何文作者何溯源是美国哥伦比亚大学的历史学博士,可以算是出自北美的学者。在欧洲,荷兰阿姆斯特丹大学的维姆·范·斯本根(Wim Van Spengen)教授的一篇论文,在史料的收集上也作出了值得称道的贡献,此文题为《欧洲传统游记中的嘉绒藏区社会》(*Gyarong Frontier Society in the Light of Older European Travel Literature*,以下简称"斯文")。从标题即可以看出,期文的主题是嘉绒地区社会。由于欧洲人的这些关于嘉绒地区的游记,都是在 19 世纪中叶至 20 世纪中叶之间写成的,这恰好就是中国语境下的近代,因此,这些"欧洲传统游记"可以视为关于嘉绒地区近代史的"史料"与"史记"。斯文的贡献,就是对这些游记的收集、整理与解读。

斯本根在文章中首先交代了自己的问题意识与研究方法："作为原始资料的旅游和考察报告的作用并没有充分体现。一般认为游记文献能够帮助我们再现历史上西藏的历史地理,尤其是可以再现那些极少为人所知的、在各自的历史背景下生活的人们的情况。事实上是,旅行者的经历是提供给我们特定时间和特定地点的唯一资料来源。我们有着大量的用西方语言记录的关于西藏的游记,但是它们报道的内容和质量参差不齐,特别是关于西藏中部地区和一些边境区域的游记,这些游记在书架上蒙受尘灰、无人问津。因此本文的目的是对描述西藏东部嘉绒地区的传统欧洲游记进行回顾,重点讨论其突出的优点,发现它们对于理解西藏历史地理的重要价值。"[①]在这样的理论预期之下,斯文比较全面地概括了涉及近代嘉绒地区的欧洲游记。

根据作者所掌握的史料,第一个到嘉绒藏区游历的欧洲人是法国传教士和动物学家皮尔·大卫,1869年,他在穆坪收集动物标本,他的报告首次介绍了1860年四川当局和穆坪地方头人之间的紧张关系。第一个在嘉绒

---

① ［荷兰］斯本根:《欧洲传统游记中的嘉绒藏区社会》,尼玛扎西(杨公卫)译,彭文斌校,《民族学刊》2013年第5期。

地区东北部游历的欧洲人则是吉尔(Gill)上校,1877年,他的探险活动直达四川北部的岷江流域。1891年秋,奥地利汉学家阿瑟·冯·罗斯肖恩(Arthur von Rosthorn)从灌县出发,走访了清军驻防的小金镇,通过松岗进入大金川地区,寻访巴底和巴旺土司领地,到达清军驻防的最南端丹巴,最后离开嘉绒,通过大宝山前往康定。1899年,俄国植物学家波泰宁(G.N.Potanin)发表了关于嘉绒地区的一篇文章。

此外,毕肖普(Isabella Bird-Bishop)、布雷尼尔(Brenier)、荷西(Hosie)、皮尔·戈尔(Pere Gore)、叶长青(John H.Edgar)、福格森(Ferguson)、威斯(Weiss)、威尔逊(Wilson)、塔菲尔(Tafel)、艾因斯科夫(Ainscough)、斯托则纳(Walther Stotzner)、艾里克·汉尼斯(Eric Hanisch)、利杰斯特兰德(Liljiestrand)、艾比·大卫(Abbe David)、多兰(Brooke Dolan)、杰夫理(J.H.Geffory)等等,都留下了各具特色的嘉绒藏区游记。在斯本根收集的游记中,"关于嘉绒地区报告中的最后一份是1943年走访理番和梭磨地区的刘恩兰(Liu En-lan)配有大量插图的报告。她努力通过大量图表来系统化当地的居住模式,但是文章的价值在于她对于1930—1940年间,理番四土(Li-fan Szetu)封建领地情况的描述。虽然她的陈述并

不完全可信,但是我们有机会了解到 1949 年解放前嘉绒
社会最后的情形"①。刘恩兰所描述的"理番四土",就
是林耀华也曾经考察、研究、论述过的"四土嘉戎"。②

斯本根把这些史料统称为"欧洲传统游记"。这里
的"传统"二字,主要立足于时间之维,亦即从 19 世纪下
半叶至 20 世纪中叶,大致在一百年的时间范围内形成的
游记。从作者类型来看,这些"传统游记"主要是三类人
写成的。其中,第一类是具有学者身份的人,主要是一些
植物学家,譬如俄国的波泰宁,还有一些汉学家,譬如德
国的汉尼斯。第二类是英、德、法等国家派驻在中国的领
事官员。第三类是一些传教士。这些在嘉绒地区游历过
的近代欧洲人,虽然身份各异,旨趣不同,背景也不一样,
但都写下了各具特色的"嘉绒游记"。在这些游记中,

―――――――

①　〔荷兰〕斯本根:《欧洲传统游记中的嘉绒藏区社会》,尼
玛扎西(杨公卫)译,彭文斌校,《民族学刊》2013 年第 5 期。

②　关于林耀华调查、论述"四土嘉戎"的情况,大致是:
"1943—1946 年间,他跟同仁和学生历尽艰辛对川康交界的四
土嘉戎、凉山彝族做长期实地调查而形成的民族志研究论述,不
仅是中国少数民族研究的划时代作品,更是人类学科的经典篇
章。"详见潘守永、张海洋、石颖川:《林耀华与中国西南民族研
究——为纪念林耀华百年诞辰而作》,《广西民族大学学报》2010
年第 3 期。

"记载了大量关于当地土司、风俗习惯、语言和宗教方面的内容"。这就为研究近代嘉绒地区提供了丰富的史料,譬如,"一项有趣的研究主题是土司关系和土司领地内的社会制度。欧洲游记中充满了对于当地土司府、土司及其家庭婚姻关系,以及封建制度中土地产权和劳动关系的观察描述。作为间接管理的嘉绒土司制度,需要重新梳理,其中强制劳役和奴隶制度相关问题需要被关注"①。

　　在斯本根的文章中,列举了数量较多的欧洲游历者以及他们撰写的游记。如果我们单独察看这些游记中的某一部或某一篇,可能显得比较单薄,比较单一,不够丰富,不够全面。譬如,一个植物学家写下的关于嘉绒地区的游记,可能主要就是关于当地植物的记录。这些植物在一百年以后的今天,可能发生了一些变化,也可能没有太大的变化。当时的植物或植被即使发生了一些变化,这种变化对于康巴近代史研究来说,史料的意义可能不太明显。但是,把植物学家的游记与其他人的游记结合起来,汇集成为一束整体性、综合性的史料,将这些史实

---

　　① ［荷兰］斯本根:《欧洲传统游记中的嘉绒藏区社会》,尼玛扎西(杨公卫)译,彭文斌校,《民族学刊》2013 年第 5 期。

进行比较与对照,进行综合运用,就可以从"游记汉学"这样一个特殊的角度,反映嘉绒地区近代史的某些侧面。

关于汉学的历史,可以着眼于历史的先后,进一步划分为"游记汉学"、"传教士汉学"与"专业汉学"三个时期或三个阶段。① 斯本根在此列举的欧洲传教士的游记,譬如他提到的法国传教士叶长青的游记,既可以归属于"传教士汉学"的材料,也可以归属于"游记汉学"的材料,因为"传教士"也写"游记",或者说,有些"游记"就是"传教士"写的,这就为传教士的游记赋予了双重的性质。如果着眼于汉学的发展史,我们当然可以把"游记汉学"与"传教士汉学"作出一些适度的切割:把传教士的游记归入"传教士汉学",把其他游历者的游记归入"游记汉学"。但是,如果像斯本根那样,着眼于近代欧洲人的游记,那么,从欧洲各国来到康巴地区的领事官员、植物学家、探险家、传教士、其他游历者所写的游记,都可归属于"游记汉学"的材料。对于历史学家来说,这些游记有一个共同的性质:都是史料,都有助于阐明 19 世纪下半叶至 20 世纪中叶的康巴历史。

---

① 张西平:《传教士汉学的重要著作》,《读书》2004 年第 11 期。

因此,从康巴近代史的研究来看,斯本根其文的主要贡献,就在于史料的拓展。如果说,"史料为史之组织细胞","不治史学,不知文献之可贵",①那么,康巴近代史研究的一个关键环节,就是拓展、比较有关近代康巴的史料与文献。斯本根充分利用了他作为欧洲学者的优势,广泛收罗了大量的欧洲传统游记,为理解嘉绒地区的近代史提供了一批视野独特的记录材料。如果有人将这些史料汇聚起来,编成一部《欧洲游历者所见的近代嘉绒藏区》,其史料价值是毋庸置疑的,甚至也是不可替代的。

在历史学研究的视野中,像这种由外来游历者留下的记录材料,并不罕见。譬如,"到明清帝国出使的朝鲜使臣,留下了像《朝天录》《燕行录》这样数百种详细的中国记录,这些记录大体是'当时人记当时事'。当然,它是有朝鲜立场的官员和文人的观察,是用'异域之眼'对中国、特别是从凤凰城到北京这一路北中国的政治、社会、风俗、人情的观察。这些观察相当有价值,就像一个初到异域处处好奇的人,常常能够发现本地人习以为常

---

① 梁启超:《梁启超全集》,北京出版社 1999 年版,第4106 页。

而忽略的细节一样"①。如果把斯本根所见的这些反映嘉绒地区社会的欧洲传统游记汇聚起来,其实就是一部"康行录"或"嘉行录"——近代欧洲人在康巴地区或者嘉绒地区行走的记录。这些游记反映了欧洲游历者的立场,同样是用"异域之眼"观察嘉绒地区的结果。我们可以看到,正是在《燕行录》这一类史料的支撑下,葛兆光写成了一部《想象异域:读李朝朝鲜汉文燕行文献札记》,同样,在"欧洲传统游记"的支撑下,有心的研究者同样可以写成一部诸如《想象异域:读近代欧洲人的嘉绒藏区游记》之类的著作。由此可见,充分利用斯文提供的史料信息,可以为康巴近代史的研究提供若干新的契机,可以展示近代康巴的一些新的侧面。

比较何溯源的康巴研究与斯本根的康巴研究,可以看到,他们的论著都属于康巴近代史,都属于历史学的康巴学研究。何文的主要贡献在于:通过"权力的文化网络"这个新的理论框架,重新解释了1905年的"巴塘事变"或"凤全事件"。斯文的主要贡献在于:为近代康巴史的研究拓展了新的史料,依靠这些史料,有助于我们通

---

① 葛兆光:《想象异域:读李朝朝鲜汉文燕行文献札记》,中华书局 2014 年版,第 8 页。

过"异域之眼"观看近代康巴。

四、理解历史学的康巴学

以上我们概述了历史学的康巴学兴起的整体趋势，在此基础上，分别从古代史与近代史两个不同的领域或段落，对历史学的康巴学之旨趣进行了阐述。我们选取的材料，主要是外国历史学者的康巴学研究。事实上，对于历史学的康巴学，国内学界的研究更加丰富，成果也更多。倘若要论"同情之理解"或"理解之同情"，国内学者的研究占据了更大的优势，这是毋庸置疑的。但是，外国学者的研究，不仅在时间上没有断裂，而且能够展示更宽的视界、更丰富的材料、更加多元化的方法。此外，还有一个需要考虑的因素是，现代中国人熟悉的现代学术体制与现代学术体系，毕竟是从西方移植过来的。基于这些方面的考虑，我选取了意大利的图齐、法国的石泰安关于康巴古代史的论著，同时也选取了美国的何溯源、荷兰的斯本根关于康巴近代史的论著，作为历史学的康巴学的例证，以之展示历史学的康巴学之旨趣。

历史学的康巴学，就是从历史学的角度研究康巴，就是研究康巴的历史，就是康巴史学——包括康巴的古代史与康巴的近代史。那么，在康巴学的研究领域，为什么会出现一个历史学的走向或趋势？换言之，历史学的康巴学何以兴起？对于这样的追问，我们可以从以下两个方面来解释。

一方面，从内在的学术规律来看，历史学的康巴学可以说是常态化、专业化的学术生产方式的产物。

在西方，学术研究的专业化在19世纪就已经形成，具体地说，"在十九世纪后期，构成社会科学的学科系统有三条明确的分界线：首先，对现代/文明世界的研究（历史学再加上三门以探寻普遍规律为宗旨的社会科学）与对非现代世界的研究（人类学再加上东方学）之间存在一条分界线；其次，在对现代世界的研究方面，过去（历史学）与现在（注重研究普遍规律的社会科学）之间存在一条分界线；再次，在以探寻普遍规律为宗旨的社会科学内部，对市场的研究（经济学）、对国家的研究（政治学）与对市民社会的研究（社会学）之间也存在着鲜明的分界线。"①正是根据这样一些"分界线"，形成了专业化

---

①　［美］华勒斯坦等：《开放社会科学：重建社会科学报告书》，刘锋译，生活·读书·新知三联书店1997年版，第39—40页。

的学科体系,在这样的学科体系中进行专业化的学术生产,在西方早已成为制度化的常态。

这样一个学科体系在 19 世纪末 20 世纪初传入中国之后,在 20 世纪的中国得到了全面的复制。在这样的学术背景下,从历史学的专业角度研究康巴,就构成了一个颇有吸引力的专业研究领域。比较、对照与康巴有关的各种史料,对康巴历史进行各个层面、各个维度的精细化研究,就成为一个顺理成章的学术方向。图齐对藏区(包括康区)早期苯教的研究,尤其是石泰安综合运用中国官方史书、敦煌卷子及其他藏文文献,对东部藏区的"原始部落"的研究,几乎还原了"康区古史的传说时代"。① 何溯源以杜赞奇的"权力文化网络"作为分析工具,重新描绘了 1905 年的"巴塘事变"。斯本根收集近代欧洲游历者写下的嘉绒地区游记,几乎可以成就一部近代欧洲人的"康行录"或"燕行文献",②这就为理解近

---

① 这个说法借用了徐旭生的一部书的书名《中国古史的传说时代》,此书较近的版本,由广西师范大学出版社 2003 年出版。

② 这个名称,是从韩国各种版本的《燕行录选集》或《燕行录全集》化用而来。详见复旦大学文史研究院、成均馆大学东亚学术院大东文化研究院合编:《韩国汉文燕行文献选编》,复旦大学出版社 2011 年版。

代康巴提供了一面来自异域的镜子,长期以来被忽略、被遮蔽的康巴近代史的另一面,就可能由此显现出来。

这些关于康巴的研究,体现了专业化的史学风格与史学精神。这就是说,学术分工越发达,专业化的趋势越明显,越有助于历史学的康巴学的发展。

另一方面,从外在的学术环境来看,历史学的康巴学的兴起是整体性的时代背景发生变迁的产物。

历史学的康巴学不仅仅见于海外,同时也见于中国。历史学的康巴学在海外的兴起,与历史学的学术生产方式有关:研究者不必像人类学研究者那样,亲自抵达康巴地区;海外的研究者利用海外或当地的文献与史料,就可以完成相关的研究。史料的收集能力与解读能力,是有效的历史研究得以展开的关键。对于海外的康巴研究来说,这是历史学的康巴学兴起的一个重要原因。

历史学的康巴学在中国的发展,与时代背景的关系更密切。回顾百年来的康巴学史,即可发现,在20世纪二三十年代,以西康建省为抓手的政治问题现实而紧迫,各种矛盾相互交织,国家利益、民族利益都需要保护,在这样的政治背景下,一个康巴研究者如果潜心研究"康区古史的传说时代",虽然也有其不容忽视的价值与意义,但从总体上看,与特定阶段的"时宜"不甚相合。在那种背景下,经世取向的康巴学就容易成为康巴学研究的主流。20 世纪 40 年代,一批专业的人类学家汇聚西南,他们就近在康巴地区进行人类学考察,发展了人类学的康巴学,也为康巴研究的学术化、专业化作出了贡献。

但是,20 世纪 50 年代以后,特别是 20 世纪 90 年代以来,这样的背景都发生了根本性的变化,时代的需求也发生了一些变化,康巴学的研究格局也随之发生变化。历史学的康巴学就在这个变化过程中得到了凸显。从根本上看,这是一个"彼消此长"的过程与趋势。历史学的康巴学的兴起,正是这个"彼消此长"格局的产物。

五、结　语

历史学的康巴学的兴起,并不意味着历史学的康巴学取代了经世者的康巴学或人类学的康巴学。经世者的康巴学强调经世致用,直接服务国家,直接服务民众,在任何时代都是非常重要的,也是不可缺少的;人类学的康巴学着眼于文化与社会,强调实地考察,对于理解当下的康巴地区的文化与社会,能够提供现实性的洞见与智识。只不过,无论是经世者的康巴学,还是人类学的康巴学,都离不开历史经验、历史智慧的支撑。不知历史,既不能经世致用,也不能真正理解现实的康巴。因而,从一个更加宽广的视野中看,各种旨趣、各种范式的康巴学研究,其实都是彼此交织在一起的。

尽管不能把各种范式的康巴学研究彻底地切割开来,但是,我们仍要看到,在康巴学的研究视野中,历史学的康巴学的兴起,确实是一个普遍性的趋势。这样的趋势既是康巴学作为一门学问、一个学科不断深化的产物,同时也是社会分工进一步细密化在康巴学研究领域内的体现与表征。历史学的康巴学标举历史研究的理论与方法,从而在人类学的康巴学、经世者的康巴学以及传教士的康巴学之外,代表了一种相对独立的康巴学的研究范式。

本章内容原载《四川民族学院学报》2021 年第 1 期,修订后收入本书。

参 考 文 献

　　以下所列文献,仅限本书直接征引之文献。为方便读者查阅,试将文献分为五类,分别是中文典籍、中文著作、中文论文、中译著作、中译论文。各类文献均按作者或著作权人之姓氏拼音排序。

一、中文典籍

(汉)司马迁:《史记》,中华书局 1982 年版。

(汉)班固:《汉书》,中华书局 1962 年版。

(南朝宋)范晔:《后汉书》,中华书局 1965 年版。

汤漳平、王朝华译注:《老子》,中华书局 2014 年版。

方勇译注:《庄子》,中华书局 2015 年版。

高华平、王齐洲、张三夕译注:《韩非子》,中华书局 2015 年版。

罗炳良译注:《文史通义》,中华书局 2012 年版。

(宋)张载:《张载集》,章锡琛点校,中华书局 1978 年版。

(清)钱大昕:《十驾斋养新录》,杨勇军整理,上海古籍出版社 2011 年版。

杨伯峻译注:《论语译注》,中华书局 2012 年版。

曾运乾注:《尚书》,黄曙辉校点,上海古籍出版社 2015 年版。

张松辉、张景译注:《抱朴子外篇》,中华书局 2013 年版。

(清)章学诚:《校雠通义通解》,王重民通解,上海古籍出版社 1987 年版。

(清)赵翼:《赵翼全集》,曹光甫校点,凤凰出版社 2009 年版。

二、中文著作

蔡元培:《中国伦理学史》(外一种),商务印书馆

2010 年版。

陈波:《李安宅与华西学派人类学》,巴蜀书社 2010 年版。

陈少明:《做中国哲学:一些方法论的思考》,生活·读书·新知三联书店 2015 年版。

傅斯年:《史学方法导论》,中华书局 2016 年版。

复旦大学文史研究院、成均馆大学东亚学术院大东文化研究院合编:《韩国汉文燕行文献选编》,复旦大学出版社 2011 年版。

葛兆光:《想象异域:读李朝朝鲜汉文燕行文献札记》,中华书局 2014 年版。

金毓黻:《中国史学史》,商务印书馆 2010 年版。

李安宅:《藏族宗教史之实地研究》,商务印书馆 2015 年版。

李安宅、于式玉:《李安宅、于式玉藏学文论选》,中国藏学出版社 2002 年版。

李安宅:《〈仪礼〉与〈礼记〉之社会学的研究》,上海人民出版社 2005 年版。

李泽厚:《中国古代思想史论》,生活·读书·新知三联书店 2008 年版。

梁启超:《梁启超全集》,北京出版社 1999 年版。

林惠祥：《文化人类学》，商务印书馆2000年版。

林耀华：《从书斋到田野》，中央民族大学出版社2000年版。

林耀华：《金翼：一个中国家族的史记》，庄孔韶、方静文译，生活书店出版有限公司2015年版。

鲁迅：《鲁迅全集》第一卷，人民文学出版社2005年版。

罗志田：《近代中国史学述论》，北京师范大学出版社2015年版。

蒙文通：《蒙文通全集》第一卷，巴蜀书社2015年版。

钱锺书：《钱锺书集：围城；人·兽·鬼》，生活·读书·新知三联书店2007年版。

任乃强：《任乃强藏学文集》，中国藏学出版社2009年版。

王川：《〈李安宅自传〉的整理与研究》，中国藏学出版社2018年版。

吴天墀：《西夏史稿》，商务印书馆2010年版。

徐旭生：《中国古史的传说时代》，广西师范大学出版社2003年版。

余英时：《朱熹的历史世界：宋代士大夫政治文化的

研究》,生活·读书·新知三联书店 2004 年版。

喻中:《法理四篇》,中国法制出版社 2020 年版。

郑少雄:《汉藏之间的康定土司:清末民初末代明正土司人生史》,生活·读书·新知三联书店 2016 年版。

三、中文论文

蔡丽平、代维:《危机与应对:凤全事件后清政府对康区的治理》,《四川民族学院学报》2019 年第 1 期。

操林英:《简述东方学家朱塞佩·图齐的"人文共通体"》,《西藏民族大学学报》2017 年第 6 期。

陈国强:《中国人类学发展史略》,《广西民族学院学报》1995 年第 1 期。

陈国强:《上下而求索——林惠祥教授及其人类学研究》,《读书》1983 年第 4 期。

戴刚:《试论康巴文化与建立康巴学研究》,《康定民族师范高等专科学校学报》2006 年第 3 期。

杜永彬:《"康巴学"的提出与学界的响应——兼论构建"康巴学"的学术价值与现实意义》,《西南民族大学学报》2007 年第 3 期。

杜永彬:《传奇坎坷 博大精深 经世致用——任乃强的生平、学术和思想》,载任新建、周源主编:《任乃强先生纪念文集:任乃强与康藏研究》,中国藏学出版社2011年版。

樊锦诗:《推动敦煌学发展为"一带一路"做贡献》,《新湘评论》2016年第11期。

冯宪华:《近代内地会传教士叶长青与川边社会——以〈教务杂志〉史料为中心的介绍探讨》,《西藏研究》2010年第6期。

郭净:《十九世纪中叶法国传教士罗勒拿滇藏传教史略》,《云南民族大学学报》2016年第1期。

何云华:《凤全事件之我见》,《西藏研究》1988年第4期。

贺先枣:《试谈建立"康巴学"学科体系的意义》,《康定民族师范高等专科学校学报》2006年第2期。

胡晓:《法国传教士倪德隆在四川藏区活动考述》,《宗教学研究》2011年第2期。

李绍明、任新建:《康巴学简论》,《康定民族师范高等专科学校学报》2006年第2期。

林耀华、陈永龄、王庆仁:《吴文藻传略》,《民族研究》1987年第4期。

林宗锦、潘守永:《林耀华学术行年简谱与主要著作目录》,《广西民族大学学报》2010 年第 2 期。

刘永达:《1904 年霍西笔下的巴塘、丁林寺与"乙巳凤全死亡事件"》,《四川师范大学学报》2007 年第 2 期。

潘守永、张海洋、石颖川:《林耀华与中国西南民族研究》,《广西民族大学学报》2010 年第 3 期。

彭文斌:《近年来西方对中国边疆与西南土司的研究》,《青海民族研究》2014 年第 2 期。

乔健:《中国人类学发展的困境与前景》,《广西民族学院学报》1995 年第 1 期。

任乃强:《回忆贺老总召谈解放西藏》,《中国藏学》2001 年第 4 期。

任新建:《凤全与巴塘事件》,《中国藏学》2009 年第 2 期。

任新建:《经世致用——任乃强与西康建省》,载任新建、周源主编:《任乃强先生纪念文集:任乃强与康藏研究》,中国藏学出版社 2011 年版。

申晓虎、陈建明:《叶长青康藏民族学研究综述》,《西南民族大学学报》2010 年第 10 期。

申晓虎:《比较的视角:叶长青康区宗教文化研究探析》,《北方民族大学学报》2011 年第 1 期。

沈卫荣：《意大利藏学家杜齐的生平及其著述》，载《国外藏学研究译文集》第六辑，西藏人民出版社 1989 年版。

石硕、邹立波：《康藏史研究综述》，《西藏大学学报》2011 年第 4 期。

石硕：《关于"康巴学"概念的提出及相关问题——兼论康巴文化的特点、内涵与研究价值》，《西藏研究》2006 年第 3 期。

王荣益：《悲智双运 行笃愿深——怀念祖父王恩洋先生》，《中国宗教》2008 年第 6 期。

吴文藻：《吴文藻自传》，《晋阳学刊》1982 年第 6 期。

向玉成、肖萍：《19 世纪 40—60 年代中期法国传教士"独占"康区的活动及其影响》，《西藏大学学报》2011 年第 1 期。

谢敏：《〈康藏研究月刊〉述略》，载任新建、周源主编：《任乃强先生纪念文集：任乃强与康藏研究》，中国藏学出版社 2011 年版。

许章润：《书生事业 无限江山——关于近世中国五代法学家及其志业的一个学术史研究》，载许章润主编：《清华法学》第 4 辑，清华大学出版社 2004 年版。

杨嘉铭：《现代康藏研究的奠基人——任乃强》，载任新建、周源主编:《任乃强先生纪念文集:任乃强与康藏研究》,中国藏学出版社 2011 年版。

杨健吾:《基督教在四川藏族地区的传播》,《宗教学研究》2004 年第 3 期。

岳永逸:《语言的"通胀"与意义——纪念李安宅》,《读书》2020 年第 5 期。

泽拥:《法国传教士与法国早期藏族文化研究》,《中国藏学》2009 年第 2 期。

曾志辉:《巴黎外方传教会"科学传教"与西南边疆研究的近代转型》,《世界宗教研究》2016 年第 6 期。

张继焦、吴玥:《中国人类学发展 70 年》,《西北民族研究》2019 年第 4 期。

张西平:《传教士汉学的重要著作》,《读书》2004 年第 11 期。

张西平:《传教士汉学平议》,《世界汉学》2006 年第 1 期。

张勋燎:《问学任乃强先生旧事琐忆——为"任乃强与康藏研究学术研讨会"而作》,载任新建、周源主编:《任乃强先生纪念文集:任乃强与康藏研究》,中国藏学出版社 2011 年版。

赵艾东、石硕、姚乐野:《法国传教士古纯仁〈川滇之藏边〉之史料价值——兼论〈康藏研究月刊〉所载外国人对康区的记述》,《西南民族大学学报》2011年第10期。

赵艾东:《19世纪下半叶康藏天主教士的天花接种与藏文编纂》,《四川民族学院学报》2016年第1期。

赵继明、伦贝:《早期欧洲汉学线索》,《文史哲》1998年第4期。

郑杭生:《林耀华对当代中国人类学所作贡献再认识》,《广西民族大学学报》2010年第2期。

朱娅玲:《传教士顾福安及其康藏研究》,载四川大学中国藏学研究所主编:《藏学学刊》第12辑,中国藏学出版社2015年版。

邹立波:《族群、社会与文化——〈西康图经〉描述下的民国康区》,载任新建、周源主编:《任乃强先生纪念文集:任乃强与康藏研究》,中国藏学出版社2011年版。

四、中译著作

[英]布朗:《社会人类学方法》,夏建中译,华夏出版社2001年版。

[英]布朗:《原始社会的结构与功能》,潘蛟等译,中

央民族大学出版社 1999 年版。

[美]杜赞奇:《文化、权力与国家:1900—1942 年的华北农村》,王福明译,江苏人民出版社 1996 年版。

[英]弗思:《人文类型》,费孝通译,华夏出版社 2001 年版。

[美]格尔茨:《文化的解释》,韩莉译,译林出版社 1999 年版。

[法]古伯察:《鞑靼西藏旅行记》,耿昇译,中国藏学出版社 2012 年版。

[美]顾立雅:《申不害:公元前四世纪中国的政治哲学家》,马腾译,江苏人民出版社 2019 年版。

[美]顾明栋:《汉学主义:东方主义与后殖民主义的替代理论》,张强等译,商务印书馆 2015 年版。

[美]华勒斯坦等:《开放社会科学:重建社会科学报告书》,刘锋译,生活·读书·新知三联书店 1997 年版。

[美]库恩:《科学革命的结构》,金吾伦、胡新和译,北京大学出版社 2012 年版。

[英]马林诺夫斯基:《巫术科学宗教与神话》,李安宅译,中国民间文艺出版社 1986 年版。

[英]马林诺夫斯基:《科学的文化理论》,黄剑波等译,中央民族大学出版社 1999 年版。

[美]孟德卫:《奇异的国度:耶稣会适应政策及汉学的起源》,陈怡译,大象出版社 2010 年版。

[法]萨义德:《东方学》,王宇根译,生活·读书·新知三联书店 1999 年版。

[法]石泰安:《汉藏走廊古部族》,耿昇译,中国藏学出版社 2013 年版。

五、中译论文

[法]巴科:《吐蕃王朝政治史》,耿昇译,载《国外藏学研究译文集》第二辑,西藏人民出版社 1987 年版。

[瑞典]格莱特里斯:《明代嘉绒地区苯教的朝贡使团》,陈楠译,载《国外藏学研究译文集》第十五辑,西藏人民出版社 2001 年版。

[法]古纯仁:《川滇之藏边·第一篇 川边(四川之藏边)》,李哲生译,《康藏研究月刊》1947 年第十五期。

[法]古纯仁:《川边之打箭炉地区》,李思纯译,《康藏研究月刊》1948 年第十六期。

[法]古纯仁:《里塘与巴塘》,李哲生译,《康藏研究月刊》1948 年第十九期。

［法］古纯仁:《里塘与巴塘》(续),李哲生译,《康藏研究月刊》1948年第二十期。

［美］何溯源:《巴塘事变:康区及其在近代汉藏史上的重要性》,汤芸译,彭文斌校对,《西南民族大学学报》2014年第3期。

［意］卡列宁:《作为考古学家的图齐》,程嘉芬译,吕红亮校,载四川大学中国藏学研究所主编:《藏学学刊》第8辑,中国藏学出版社2013年版。

［荷兰］斯本根:《欧洲传统游记中的嘉绒藏区社会》,尼玛扎西(杨公卫)译,彭文斌校,《民族学刊》2013年第5期。

［意］图齐:《西藏的苯教》,金文昌译,载《国外藏学研究译文集》第4辑,西藏人民出版社1988年版。

［美］王秀玉:《清末川康战事:川西藏区改土归流的前奏》,刘源、尼玛扎西(杨公卫)译,彭文斌校,《民族学刊》2011年第2期。

［法］谢和耐:《二战以来法兰西学院的中国学研究》,严武译,《中国史研究动态》1995年第3期。

［日］佐藤长:《西藏古代史研究》,姜镇庆译,载《国外藏学研究译文集》第一辑,西藏人民出版社1985年版。

致　　谢

康巴属于人民,康巴是人民的康巴。这部《康巴学的谱系》有机会在人民出版社刊行,毫无疑问,这是它最好的归宿。感谢人民出版社副总编辑陈鹏鸣先生的识鉴,感谢责任编辑翟金明先生为本书出版所付出的智慧与心血。

在创作本书的过程中,我先后打扰过西安财经大学的张青卫博士、成都中医药大学的阳李博士等多位学界朋友。他们都曾应我的请求,为我查找了若干不容易见到的学术资料,从而为本书的顺利完成创造了条件。

每一部书都有它的生命,每一部书的诞生都是各种因缘际会的结果,本书自然也不例外。我虽然执笔著成了这部书,但是,倘若没有多方面的帮助与支持,它不可能生成,也不可能面世;它就只能一直蛰伏在电脑的硬盘中。现在,它走出硬盘,来到世间,我也仿佛卸下了某种责任,终于释然。

在本书公开出版之际,请允许我以言轻意重的方式,对各位热心同道的高情盛谊,致以诚挚的谢意。

后　记

　　这部《康巴学的谱系》是在 2020 年春夏之间写成的。在此之前,在此之间,我集中阅读了一批有关康巴的学术理论文献,开始清理出康巴学兴起与嬗变的历史轨迹。在这个过程中,康巴学的学术轮廓逐渐变得清晰起来。我意识到,我也许可以就"康巴学的谱系"这个主题,提出自己的一些个性化的看法。于是,在潜心研读之余,我记下了自己的所思所想。接下来,历经三载寒暑,数度披阅,几番增删,最后形成了这部书。

　　在将此书交付出版之际,我必须承认,写作此书,主要是出于好奇与惊异。我自己的专业是法理学。自 1996 年以来,我一直从事法理学的教学与研究,从来不曾间断。也许有人会感到疑惑:一个法理学的研究者,一个以法理学为业的人,怎么会去写一部关于康巴学的书?

其实，这种情况并不奇怪，在学术史上早已不乏先例。譬如，瑞士的巴霍芬（1815——1887），本来是巴塞尔大学的罗马法教授，也是巴塞尔的刑事法官，但却写出了像《母权论》这样的人类学名著；美国的摩尔根（1818——1881），本来是纽约州的律师，最后却以《古代社会》一书著称于学术史；英格兰的梅因（1822——1888）是法学家，他的《古代法》既是法学名著，同时也是人类学名著，然而，他的《东西方村落共同体》却是标准的人类学著作；还有麦克伦南（1827——1881），本来是苏格兰的法学家，但他的代表性著作却是《原始婚姻》，诸如此类的事例，不一而足。把这些学术事例或传统中国所说的"学案"聚集起来，抽取他们的共性，几乎可以归纳提炼出一种颇有意味的"学术现象"，那就是，法学家的人类学情怀。

我有自知之明，学术史上这些近乎"半人半神"的经典作家，甚至堪称"学术天空"中的"诸神"，我连他们的项背都望不到。但是，他们的学术劳作对我是一个巨大的激励，对于他们自由探索的精神与心智，对于他们通透不隔、圆融无碍的学术视野，我是"虽不能至，心向往之"。这部《康巴学的谱系》，或可作为这种"向往之心"的外化或物化。

除此之外，写作这部康巴学著作，还有我的人生经历对我产生的推动作用:年轻的时候,我曾驱车在康巴大地上漫游;我也曾留意四川电视台的"康巴卫视"频道;我还一直珍藏着20世纪80年代初期出版的《旅游天府》杂志的合订本——其中一个重要的原因是,那上面刊登了很多有关康巴地区的游记与图片,那些因褪色而泛黄的杂志,曾经陪伴我打发了无数阴晴不定的闲暇时光。在很多个黄昏或夜晚,我曾借着一盏孤灯,随意翻阅那些陈旧的杂志,久久沉溺于那些纸面上的山水,想象那些山水间的绚丽与枯寂。

我不识藏文,读不了藏文文献,更不是藏学家。但是,我无法抵御康巴的诱惑。有一回,我甚至还突发奇想,打算写一首题为"致康巴"的长诗,其中,既写康巴风物,也写康巴历史上的人与事:格萨尔王、木雅王、甲拉王,凤全、赵尔丰、任乃强,打箭炉、郭达山、四十八家锅庄……很可惜,我没有那样的才气。尽管经历了漫长而耐心的等待,诗句依然没有涌上笔端。年复一年,迁延至今,我对自己早年突发的奇想,始终无法作出一个足以让人释怀的交代。沮丧失望之余,我决定把自己对康巴的激情抟捏起来,经过塑形、烧制、冷却、煅打,最终铸成了你现在看到的这部书。

这是一部来自藏学界之外的藏学著作,一部康巴学界之外的康巴学著作,一部关于康巴学本身的康巴学著作。对于专业而纯正的藏学家或康巴学家来说,这是一部来自"他者"的著作,是康巴学的学术理论投射在一个"他者"的心镜上形成的光与影。根据这样一幅参差摇曳的光影,我绘制了这样一个"康巴学的谱系",试图以十万之言,述百年康巴之学;期待从千载之下,追万年康巴之风。

现在,请允许我把此书作为那一首永远也写不成的"致康巴"的替代品,献给康巴,且让它漫随"溜溜的云",潜入康巴的高山深谷,最终飘散在康巴的茫茫原野上。

喻中,2023 年 4 月 5 日,清明时节。

责任编辑：翟金明

封面设计：汪　阳

图书在版编目（CIP）数据

康巴学的谱系/喻中 著. —北京：人民出版社，2023.11

ISBN 978-7-01-026016-7

Ⅰ.①康…　Ⅱ.①喻…　Ⅲ.①藏族-民族文化-文化研究-中国
Ⅳ.①K281.4

中国国家版本馆 CIP 数据核字（2023）第 195100 号

康巴学的谱系
KANGBAXUE DE PUXI

喻　中　著

人民出版社 出版发行

（100706　北京市东城区隆福寺街 99 号）

北京九州迅驰传媒文化有限公司印刷　新华书店经销

2023 年 11 月第 1 版　2023 年 11 月北京第 1 次印刷
开本：880 毫米×1230 毫米 1/32　印张：6.875
字数：120 千字

ISBN 978-7-01-026016-7　定价：58.00 元

邮购地址 100706　北京市东城区隆福寺街 99 号
人民东方图书销售中心　电话（010）65250042　65289539